Hasta el último suspiro

Edwin Castro

CASA
CREACIÓN

La mayoría de los productos de Casa Creación están disponibles a un precio con descuento en cantidades de mayoreo para promociones de ventas, ofertas especiales, levantar fondos y atender necesidades educativas. Para más información, escriba a Casa Creación, 600 Rinehart Road, Lake Mary, Florida, 32746; o llame al teléfono (407) 333-7117 en Estados Unidos.

Hasta el último suspiro por Edwin Castro
Publicado por Casa Creación
Una compañía de Charisma Media
600 Rinehart Road
Lake Mary, Florida 32746
www.casacreacion.com

Visite la página web del autor: www.edwincastro.com

Edición por: LM Editorial Services | www.lmeditorial.com
(lydia@lmeditorial.com)

Diseño de portada por: Vincent Pirozzi
Director de diseño: Justin Evans

Library of Congress Control Number: 2018931469
ISBN: 978-1-62999-382-9
E-Book ISBN: 978-1-62999-395-9

Impreso en Estados Unidos de América
18 19 20 21 22 * 6 5 4 3 2 1

CONTENIDO

PREFACIO

~~~

DESCUBRIR PARA QUÉ nacimos en esta tierra ha sido una de las grandes revelaciones que mi esposo ha tenido. Tanto así que, debido a su importancia y transcendencia, un día me dijo: "Amor, si estás de acuerdo, cuando yo muera deseo que en mi tumba se escriba: 'Ciertamente Edwin David Castro, después de servir a su propia generación conforme al propósito de Dios, murió y fue reunido con sus padres'. Es decir, si verdaderamente hice lo que estaba supuesto a hacer en esta tierra, entonces te pido que escribas estas palabras sobre mí".

Creo que al leer estas palabras que están en Hechos 13:36, pudiéramos entender que David cumplió, en las diferentes etapas de su vida, con las asignaciones de Dios diseñó para él. Fue un pastor que defendió a muerte su rebaño. Fue músico, y sus canciones estaban llenas del Espíritu de Dios pues traían paz al alma del rey Saúl cuando era atormentado por un espíritu malo. Escribió más de la mitad de los Salmos de la Biblia. Se enfrentó al gigante Goliat siendo apenas un muchacho joven, y lo derribó usando una honda y una piedra. Fue un valiente soldado y un gran general. Por lo tanto, todas estas vivencias lo prepararon para llegar a ser un día rey de Israel y cumplir con la asignación que Dios le dio en la tierra.

Con las enseñanzas y ayuda de mi esposo, descubrí mi propósito de vida viendo que habían asuntos que aún ardían en mi corazón, y otros que me frustraban y quería cambiar, como ver personas en necesidad o sufriendo. Era como si Dios pusiera un chip en mí que se enciende al ver las carencias de los demás.

Lo hermoso de Dios es ver cómo se complementan mi propósito de vida con los de mi esposo, que aunque son muy diferentes van totalmente de la mano. Él ha sido llamado a liderar un movimiento espiritual: ayudar a los líderes de las naciones a descubrir su identidad, propósito y que alcancen la libertad financiera. Es decir, que parte de su asignación es administrar las finanzas para manifestar la generosidad, el cuidado y el amor de nuestro Padre celestial, que es la parte que a mí me corresponde.

Justamente es aquí donde puedo ver el por qué Dios nos hizo a cada uno de nosotros con un ADN totalmente diferente. Todos sabemos que no existe otra persona en el planeta Tierra con nuestras mismas características. Igualmente creo que no necesariamente un matrimonio debe tener exactamente los mismos propósitos o pensar igual, pues es imposible que personas diferentes piensen exactamente igual. Sin embargo, no quiere decir que por ese hecho usted no pueda trabajar con su cónyuge, ni complementarlo y completarlo en ese proyecto de vida.

Siendo que Dios nos dotó a cada uno con diversos dones, Él sabe qué necesitamos para llevar a cabo nuestra asignación en la tierra.

> "Dios, de su gran variedad de dones espirituales, les ha dado un don a cada uno de ustedes. Úsenlos bien para servirse los unos a los otros".
> —1 PEDRO 4:10, NTV

Cada persona tiene una mirada especial, una lente con la que ve la vida, y posee unos colores y combinaciones que tal vez nadie más vea. Esa se pudiera decir que es la belleza de la multiforme gracia de Dios. Así que no se compare más con este o aquel; deje de decir: "Es que yo lograría esto si...". Simplemente pregúntele al Espíritu Santo que le deje ver qué es lo que le produce dolor, qué le causa quebranto, qué le hace feliz, en qué área de trabajo es bueno, y le aseguro que descubrirá esa pasión que Dios puso en usted desde antes de formarlo.

Como esposa, me siento tan feliz al ver los sueños del corazón de mi esposo hacerse una realidad, y este libro es uno de ellos. Deseamos que Dios traiga respuestas a esas preguntas que usted tiene sobre su propósito de vida. Nada traerá más satisfacción al corazón del Padre que usted descubra y realice todo aquello para lo cual Él le formó.

—Maribel Castro

PRÓLOGO

E DWIN Y YO nos conocimos mientras impartíamos unas conferencias en Ecuador. Al sentarnos a la mesa para desayunar, nuestros corazones se ligaron. Estaba frente a un hombre apasionado por la vida; alguien que realmente disfrutaba de lo que hacía. Pero no solo eso, sino que sabía expresarlo con tal claridad, que me permitió sentir que las ideas cobraban vida y eran fáciles de aplicar. Por eso creo que cuando lea el libro que tiene en sus manos, su vida se iluminará.

Cuando comencé a leer *Hasta el último suspiro* fui cautivado; porque está escrito con excelente fundamento bíblico, y a la vez, es personal, vivencial y práctico. Este libro le hará conocer el poder del Evangelio, y como está escrito con muchas historias que ilustran lo expuesto, estoy convencido de que logrará impactar su vida. Es un libro que describe principios que le guiarán a desarrollar su potencial y a amar el propósito que Dios tiene para usted. Estoy seguro que disfrutará su lectura.

Todos nacimos con un propósito que cumplir; esto significa que debemos descubrir para qué fuimos creados, porque el plan ya está escrito, y lo que tenemos que hacer es afinar el oído espiritual para que Dios sea revelado a nuestras vidas y sus planes con Él. Como lo expresó el apóstol Pablo, al descubrir la razón por la cual había nacido. "...*Dios me había apartado desde el vientre de mi madre y me llamó por su gracia. Y, cuando él tuvo a bien revelarme a su Hijo para que yo lo predicara entre los gentiles, no consulté con nadie*" (Gálatas 1:15–16, NVI). Cuando descubrimos el propósito de Dios para nuestra vida, nada nos detiene y la vida cobra sentido.

La vida no tiene que ser aburrida, monótona y sin sentido; la vida es para ser vivida al máximo, con dirección, pasión y propósito. No nacimos como un accidente o un deseo humano, somos el cumplimiento del plan divino de Dios y es fascinante comprender que el cielo lo grita por doquier; fuimos creados con propósitos maravillosos. Yo lo comencé a vivir cuando Cristo me llamó a mis 18 años. Había tenido una linda adolescencia, pero carecía de sentido y caminaba sin rumbo, por lo tanto, mi existencia no tenía fuerza y dirección. Cuando Cristo se reveló a mi vida, todo cambió y Él transformó mi existencia. Nunca más fue aburrida la vida, porque ahora tenía sentido, dirección y estaba enfocada en el cumplimiento del plan para el cual había nacido. Lo más emocionante de todo, es que esta pasión ha contagiado a mis hijos, y sé que se extenderá de generación a generación. Como lo expresa Edwin: "*Estoy hablando de un propósito de vida que hace referencia a la intención de alcanzar la existencia plena y no simplemente 'ser' por inercia, es decir, existir porque sí. Todos y cada uno de nosotros debemos explorar esos pensamientos que Dios tuvo desde la eternidad para nuestra vida*".

Dios siempre me ha llevado más lejos de lo que he podido imaginar, porque sus planes conmigo y con usted son más grandes de lo que podamos pensar. Por eso, déjese sorprender por Dios mientras recorre estas páginas y permita al Señor ministrar su vida de tal forma que viva apasionadamente lo que tiene su nombre.

Si vivimos nuestra vida con sentido y propósito dejaremos un impacto en nuestra generación y seremos plataforma para los que vienen después de nosotros. Tal como se escribió de David: "*Ciertamente David, después de servir a su propia generación conforme al propósito de Dios, murió y fue reunido con sus padres*" (Hechos 13:36) Las personas que se encuentran con Dios y con ellas mismas en el cumplimiento de su propósito, tienen un motivo por el cual vivir, una misión que cumplir, avanzan en la dirección que se han propuesto, disfrutan lo que hacen, viven a plenitud y tienen un alto sentido de realización y trascendencia. No son conformistas, son apasionadas. Para ellas, la vida tiene un sentido diferente. Saben quiénes son y cuánto valen para Dios y para la sociedad. Lo que hacen les permite crecer y beneficiar a los demás, dejando tras de sí un legado que trasciende generaciones.

Como lo expresa Edwin: *"Escribo este libro porque creo firmemente que cada ser humano es la respuesta de Dios a una situación que debe ser atendida. Dios tuvo una idea y creó a un ser humano para llevarla a cabo. Cada persona es la respuesta a una oración de alguien en algún lugar"*. Usted y yo estamos aquí para escribir una historia, cumplir una misión y vivir una vida, y entre más temprano lo descubramos, más apasionante será nuestra existencia. Por eso, tal y como lo describe Edwin: *"Hay canciones por escribir, empresas por iniciar, gente por ser sanada, seminarios por ser dictados, hay libros que no se han escrito, hay ministerios que deben empezar, hay animales que los veterinarios deben sanar, hay inventos por ser creados, hay leyes por escribir, hay goles por anotar, aviones por pilotear, diseños por desarrollar…y para cada una de ellas creó personas teniendo en mente que lo llevarán a cabo"*. Porque hay una historia por escribir es que creo que disfrutará *Hasta el último suspiro*.

—Sixto Porras
Director Regional para Iberoamérica
Enfoque a la Familia

INTRODUCCIÓN

ranscurría la década de los cuarenta. ¿El lugar? Un pequeño pueblo en el departamento de Boyacá, Colombia, llamado Campohermoso. ¿El entorno? Un país tradicionalmente católico, donde la máxima autoridad del pueblo no era el alcalde o el jefe de la policía, sino el sacerdote. Fue con este escenario que una pareja de misioneros se mudó a este pequeño pueblo para iniciar una iglesia cristiana. Como respuesta ante tal "amenaza" el sacerdote, cada domingo, daba la orden de no vender alimentos a estos "ateos, comunistas" como les llamaba, y promovía que, en caso de venderles alimentos, los hicieran con productos envenenados, ya que ellos habían llegado a dañar el pueblo. Ya era normal que el al final de la misa más concurrida del domingo, la gente saliera a romper los vidrios de las puertas y las ventanas de la casa de estos misioneros.

Ante un panorama tan desalentador, Dios comenzó a obrar de una forma que tal vez nadie esperaba; una pequeña niña que quizás en ese entonces tenía menos de nueve años, decidió visitar un domingo a esos "malvados comunistas" como eran conocidos.

Según lo plasmó en un manuscrito inédito, ella misma relata: *"Cuando empecé a subir las escaleras hacia el segundo piso del lugar donde se reunían, escuché por primera vez adoraciones a Dios, y mi corazón fue cautivado; algo cambió dentro de mí. Al salir de ese lugar, tomé la decisión de hablar con una tía y dejarle saber*

que había conocido a los misioneros, que no eran gente mala y que
deseaba empezar a llevarles alimentos para que tuvieran sustento".

Desde ese momento, esta pequeñita cada noche se encargaría
de llevar escondidos, bajo su "ruana" (un atuendo de lana típico
de la región con el cual los campesinos se protegen del frío), diversos productos para que estas personas se alimentaran. Siendo
una niña inocente, que no encontraba nada malo en ellos, estas
personas se encargarían de sembrar en ella la semilla de lo que
sería eventualmente una relación con Dios que tocaría a muchas
personas.

Muchas veces he pensado en estos misioneros, y en qué habrían
pensado sobre el resultado de su viaje. Seguramente se pregun-
tarían si habrían escuchado la voz de Dios para emprender esta
misión. ¿Se habrían equivocado? Qué cosas habrían pasado por
su mente, ya que tiempo después, abandonaron aquel pequeño
pueblo teniendo como resultado posiblemente que solo un puñado
de personas conociera a Jesús, y claro, esta niña "traficante" de alimentos estaba incluida en la lista de sus convertidos.

Pero, regresemos por un momento más a la historia de la niña.
En ese mismo tiempo, ella quedó huérfana, por lo que enfrentaría
situaciones muy complejas en su vida, como: la separación de sus
hermanas; el no poder estudiar; tener que evitar un matrimonio
planeado por un tío a su corta edad con un hombre mayor; salir
de su pueblo natal a buscar a su hermana pequeña de la que había
sido separada; convertirse en desplazada por la violencia que enfrentaba el país, motivo que la llevó a vivir de un lugar a otro, y enfrentar momentos en los que tendría que escoger entre mendigar,
por sugerencia de la gente, o empezar a muy corta edad a trabajar
para conseguir el sustento, ya que para ese entonces se había con-
vertido en cabeza de familia.

Los años pasarían hasta llegar a vivir en la capital de Colombia,
Bogotá, ciudad donde conocería al hombre que se convertiría en su
esposo y padre de sus cinco hijos, y con quien viviría una historia

de amor, con altos y bajos, pero como siempre lo decía: "tomada de la mano de mi Dios".

La historia de esta niña me conmueve y toca profundamente, no es ajena para mí, ya que se trata de la vida de mi madre. Soy parte de esos cinco hijos que agradece profundamente a Dios por esos misioneros que un día tomaron la decisión de ir a Campohermoso, en Boyacá, Colombia.

El 25 de agosto de 2016, mamá cumplió 82 años de vida, y ese mismo día partió a casa para estar con su Amado, como siempre llamaba a Dios. En los días posteriores a su muerte, como familia, fuimos abrazados por el amor y agradecimiento de cientos de personas que expresaban la marca indeleble que mamá había dejado en sus vidas. Más de cuatrocientas personas nos acompañaron la noche en que celebramos su vida y la despedimos.

Días después de su muerte estuve en su casa, y mientras revisaba algunos papeles, encontré el manuscrito que mencioné anteriormente. Eran páginas cargadas de historias sobre la fidelidad de Dios, y de cómo Él siempre la acompañó. Pero es posible que lo más relevante y la causa fundamental por la que decidí empezar este libro con su historia, fue el último párrafo de su escrito. Esta niña, quien fuera abandonada por su padre, huérfana de madre, con tan solo dos años de colegio, convertida en cabeza de familia en su adolescencia, desplazada por la violencia de su país, y quien tuvo a su corta edad que escoger entre mendigar o buscar un empleo para conseguir el sustento, tuvo desde siempre claro su propósito en la vida.

Transcribo lo que mi madre, de su puño y letra, escribió sin saberlo para este libro: "Cuando llegamos a Bogotá, una prima me ayudó a conseguir trabajo y fue muy especial con nosotras. En ese trabajo conocí a mi esposo, ya que trabajaba cerca de ese lugar. Tuvimos un corto noviazgo, nos casamos, y el Señor nos bendigo con cinco preciosos hijos, *'mi mayor preocupación* (propósito) *fue que desde la cuna conocieran a mi Señor'* [énfasis y nota aclaratoria del autor]".

Escribo este libro porque creo firmemente que cada ser humano es la respuesta de Dios a una situación que debe ser atendida. Dios tuvo una idea y creó a un ser humano para llevarla a cabo. Cada persona es la respuesta a una oración de alguien en algún lugar.

Soy el menor de los cinco hijos que papá y mamá tuvieron; cuatro de nosotros hemos sido llamados por Dios al ministerio, y el quinto está involucrado en el liderazgo de su iglesia local. También algunos de mis sobrinos forman parte del ministerio. Literalmente, hemos tocado la vida de millones de personas por medio de las iglesias que han sido fundadas, los programas de televisión en los que hemos participado, las entrevistas de radio, los libros escritos, los seminarios dictados, los miles de sermones predicados, y así sucesivamente. Pero todo empezó con una niña que amó a Jesús y que supo que su mayor asignación en la tierra era levantar hijos que amaran, temieran y sirvieran a Dios.

> **Cada persona es la respuesta a una oración de alguien en algún lugar.**

La noche de la celebración de la vida de mamá, el pastor José Silva, de manera magistral, se dirigió a los asistentes, diciendo: "Carlina se ha graduado y lo ha hecho con honores; entró al cielo con honores", enfatizó. Mamá cumplió la asignación de Dios para su vida en la tierra.

El tema del propósito es trascendente; es vital en la vida de cada ser humano. No somos un error, no somos una casualidad, no somos el producto de una violación o un amorío de alguno de nuestros padres. Usted es producto de una idea de Dios; es parte de la historia que Él quiere escribir en la tierra. Hay canciones por escribir, empresas por iniciar, gente por ser sanada, seminarios por ser dictados, hay libros que no se han escrito, hay ministerios que deben empezar, hay animales que los veterinarios deben sanar, hay inventos por ser creados, hay leyes por escribir, hay goles por anotar, aviones por pilotear, diseños por desarrollar; en fin, hay infinidad de cosas que Dios desea hacer en el planeta tierra, y para cada una de ellas creó personas teniendo en mente que lo llevarán a cabo.

Mamá nunca fue a la secundaria, obviamente no finalizó una carrera universitaria. No obstante, su propósito en la tierra no tenía que ver con nada de esto. Ella fue creada por Dios para levantar una familia que le amara, temiera y sirviera en esta generación.

Es mi anhelo que, al igual que me sucedió hace unos años, usted tome la decisión de buscar en Dios para tratar

> **El tema del propósito es trascendente; es vital en la vida de cada ser humano.**

de contestar la pregunta: "¿Señor que pensaste cuando pensaste en mí?".

Cierro dejándole saber en dónde empezó la historia de este libro. Hace unos años, en mi tiempo con Dios, me encontré con un versículo que cambió mi vida para siempre:

> "Ciertamente David, después de servir a su propia generación conforme al propósito de Dios, murió, fue sepultado con sus antepasados, y su cuerpo sufrió la corrupción".
> —Hechos 13:36, lbla

Este versículo me impactó tanto que le dije a mi esposa: "Amor, si muero antes que tú, y estás de acuerdo, quiero que esto sea lo que se diga de mí: *Después de servir a su propia generación conforme al propósito de Dios, murió y fue reunido con sus padres*".

Al leer este versículo fue como si un velo se abriera ante mí. Empezaron a surgir un sinnúmero de preguntas: ¿Entonces David tuvo un propósito de Dios para su vida? ¿Tuvo entonces una asignación para su generación? ¿Y será que yo tengo un propósito también? ¿Será que cada ser humano tiene uno?, y muchas otras. En las semanas, meses y años por venir, empezaría a encontrar versículos cargados con respuestas para cada una de las inquietudes que ahora entiendo. Fue el Espíritu Santo quién las provocó y Él mismo se encargó de contestarlas.

Creo que el versículo mencionado anteriormente encierra, o es la descripción, de una vida verdaderamente exitosa. Ese día entendí por qué Jesús le pudo decir al Padre que había terminado la obra que le había encomendado, a pesar de haber quedado tanto por hacer. Jesús no hizo nada más ni nada menos de lo que su Padre quería que hiciera. Solo conoció su propósito claramente, y por eso pudo terminarlo.

Es mi anhelo, que por medio de este libro, usted pueda descubrir el propósito para el cual fue creado, y que tome las decisiones necesarias de vivir para Él. Que no desperdicie su tiempo, recursos y relaciones haciendo cosas que Dios no le mandó hacer, y que tan solo traerán frustración, desgaste y pérdida a su vida.

> **Jesús no hizo nada más ni nada menos de lo que su Padre quería que hiciera.**

Qué le parece si toma la decisión de graduarse con honores, como lo hizo mi mamá, si vive hasta el último suspiro para cumplir su propósito, y que pueda decir al final de sus días lo que el apóstol Pablo dijo con tanta certeza y vehemencia:

"He peleado la buena batalla, he terminado la carrera, me he mantenido en la fe. Por lo demás me espera la corona de justicia que el Señor, el juez justo, me otorgará en aquel día; y no sólo a mí, sino también a todos los que con amor hayan esperado su venida".

—2 TIMOTEO 4:7–8

Empecemos entonces esta travesía para tratar de contestar la pregunta: "¿Señor qué pensaste, cuando pensaste en mí?".

Capítulo 1

EL TERCER DÍA MÁS IMPORTANTE DE SU VIDA

"La más grande tragedia en la vida no es la muerte; hay algo más trágico que la muerte, y es, la vida sin un propósito".

—Dr. Myles Munroe

HAY UNA TRISTE realidad en el mundo. La gran mayoría de los seres humanos cumplen con aquello que nos enseñaron en las clases en biología cuando éramos pequeños respecto a los seres vivos: nacen, crecen, se reproducen y mueren. Es decir, la gran mayoría de las personas existen simplemente. Han creído aquello que les fue dicho que deberían estudiar, esforzarse entonces para conseguir un trabajo, y ser "alguien" en la vida. Muchos de ellos no comprenden que hay una razón de vivir superior, que hay "algo más" en la vida que simplemente nacer, crecer, reproducirse y morir. No se les ha dicho que estamos supuestos a descubrir y cumplir un propósito específico por el cual fuimos creados.

Hace poco tuve la oportunidad de escuchar al senador de los Estados Unidos, Marco Rubio, en una reunión. Él citaba a alguien que había escuchado en algún momento, y la verdad no recuerdo a quién, pero sí recuerdo perfectamente lo que dijo: "La vida de las personas se resume en los epitafios". Mencionaba cómo estos tienen el año del nacimiento, el de la muerte, y en medio de estos

> **Hay "algo más" en la vida que simplemente nacer, crecer, reproducirse y morir.**

dos números, una pequeña rayita que los separa. "Lo que importa en la vida", decía él, "es lo que significa esa rayita". ¡Qué sencilla pero impactante declaración! ¿Qué representa esa rayita? ¿Qué hizo esa persona en la vida? Muchas personas nunca respondieron ese cuestionamiento.

El doctor Myles Munroe dice en su libro, *De la idea a la acción*:

> "El lugar más rico de este planeta no son los campos de petróleo de Kuwait, Irak o Arabia Saudita. Tampoco son las minas de oro y diamantes de Sudáfrica, las minas de uranio de la Unión Soviética o las minas de plata de África. Aunque tal vez le sorprenda, los depósitos más ricos de este planeta se encuentran tan solo a un par de cuadras de su casa. Descansan en el cementerio local. Enterrados debajo del suelo, dentro de las paredes de esos terrenos sagrados, hay sueños que nunca lograron cumplirse, canciones que nunca se cantaron, libros que nunca se escribieron, pinturas que nunca llenaron un lienzo, ideas que nunca se compartieron, visiones que nunca llegaron a ser realidad, inventos que nunca se diseñaron, planes que nunca fueron más allá del tablero de dibujo de la mente, y propósitos que nunca se concretaron. Nuestras tumbas están llenas de potencial que continuó siendo potencial. ¡Qué terrible!".[1]

Hay una pregunta que no me canso de realizar donde quiera que voy, y que motivó el título de este primer capítulo. Me gustaría que tratara de contestar: ¿Cuáles son los tres días más importantes en la vida de un ser humano? Me refiero a los tres momentos más trascendentes, determinantes, los que marcan la diferencia en la vida de un individuo. ¿Los identifica? Con respeto, quisiera pedirle que por mucho que usted ame a su cónyuge o hijos, y trate de responder que el día de la boda o el día del nacimiento de su primer hijo o hija, no me refiero a este tipo de días. Espero no ser malinterpretado; no estoy demeritando el valor ni la importancia del matrimonio y la familia, tan solo le pido que conteste esta pregunta en el ámbito de su individualidad, de su sentido de existencia particular. Por favor, trate de meditar en estos tres días.

Permítame compartir mis conclusiones:

1. El primer día más importante de su vida es el día en que usted nace. Le va a sonar un poco raro, pero igual se lo voy a decir de esta manera. El 2 de noviembre de 1972 fue un día histórico, porque este fue el día en que nací. Y eso, ¿qué significa? Que marcó un antes y un después en la historia de la humanidad. Algunos estarán pensando: *Uy, qué hombre tan soberbio, tan orgulloso; ¡qué presumido!* No pretendo serlo, el problema es que, generalmente, no celebramos nuestra propia existencia.

Muchos nos hemos convencido y llegado a la conclusión de que simplemente somos otra persona más en la tierra. Dios, mi Padre, su Padre, dice algo totalmente diferente, y debería tener la conciencia de que, en su plan perfecto para la humanidad, usted nació precisamente ese día y en esa hora con propósitos eternos. Mi anhelo es dejarle, de alguna manera, con ciertas interrogantes, que tenga algún tipo de interés por conocer un poco más sobre lo que Dios dice de usted.

Mientras tanto, lo diré una vez más, el día en el que usted nació fue un día histórico, lo crea o no. Mi deseo es que al final de este capítulo, pueda decir: "De verdad que sí, mi cumpleaños es importante, lo voy a celebrar de una manera trascendental. ¿Por qué razón? ¡Porque estoy celebrando los planes de Dios!".

Por favor, entiéndame algo, no soy un motivador profesional, ni quiero ser una persona que implanta pensamientos positivos, o lo lleva a la autosuperación por medio de la repetición. Solo deseo recordarle lo que el salmista enuncia de una manera tan bella, hablando de sí mismo.

> **El día en el que usted nació fue un día histórico, lo crea o no.**

"¡Te alabo porque soy una creación admirable! ¡Tus obras son
maravillosas, y esto lo sé muy bien!".
—Salmo 139:14

Qué le parece si se une a estas palabras, y puede empezar a celebrar la obra de Dios en usted, esa persona que Él creó y que está
leyendo este libro. Si no lo sabe, quiero contarle que en el Libro de
Génesis, cada vez que Dios creó algo dijo que aquello que había
creado era bueno. Sin embargo, al crear al hombre, Dios dijo que
era bueno *en gran manera*. ¿Puede tratar de imaginarse a Dios diciendo eso de usted? Créame, es una realidad; nuestro Padre celestial lo creó con planes en mente, y al formarlo, Él dijo que usted
era bueno *en gran manera*.

Muchas veces leemos la Biblia de una manera filtrada por
nuestra historia, nuestros dolores, nuestras limitaciones, y pensamos que esos son los pensamientos de Dios. Déjeme darle un
ejemplo, el apóstol Pablo en su carta a los Romanos nos dice:

"Por la gracia que se me ha dado, les digo a todos ustedes:
Nadie tenga un concepto de sí más alto que el que debe
tener, sino más bien piense de sí mismo con moderación,
según la medida de fe que Dios le haya dado".
—Romanos 12:3

> Si Dios dice que soy su hijo, que valgo, que soy una creación maravillosa, me voy a poner de acuerdo con eso y no con lo que el enemigo y el mundo quieren decir de mí.

Al preguntarle a las per-
sonas qué les enseña esta escritura, todos, sin excepción,
me han dicho: "No debo
creerme ser más que las otras
personas; debo ser humilde;
no debo tener un concepto
alto de mí mismo". ¿Sabe
algo? Yo no creo que ese versículo quiera decir solo eso, al menos,
no es la esencia. Mire lo que dice el versículo al hablar del concepto de sí mismo. El apóstol dice claramente: "que el que debe

tener". Es decir, que debo tener un concepto correcto de mí mismo, y al final del versículo se nos deja saber que ese concepto tiene que ver con la medida de fe que Dios nos ha dado.

Uno de mis mentores me enseñó su definición personal de humildad. Él me dijo: "Humildad es estar de acuerdo con lo que Dios dice de mí".

Si Dios dice que soy su hijo, que valgo, que soy una creación maravillosa, me voy a poner de acuerdo con eso y no con lo que el enemigo y el mundo quieren decir de mí, que soy un fracaso, un abandonado, otro más en la tierra, un endeudado, pobre, alguien que no vale ni tiene propósito. Qué le parece si usted también empieza a pensar así de usted mismo y se pone de acuerdo con su Padre celestial.

2. El segundo día más importante de su vida es el día en que usted nace de nuevo. Algunos pudieran decir: "¿Qué significa 'nacer de nuevo'?, ¿qué quiere decir eso?". La Palabra de Dios dice que todos los seres humanos que están en el planeta tierra son creación de Dios. Sin embargo, solamente aquellos que han tenido un encuentro personal con Jesucristo, y lo han hecho su Señor y Salvador, se convierten en hijos de Dios. Y la Biblia denomina ese proceso como el "nuevo nacimiento". Muchos hemos escuchado en diversas oportunidades que todos somos hijos de Dios, pero bíblicamente esa declaración es incorrecta. Veamos lo que la Biblia dice hablando de Jesús:

> "Mas a cuantos lo recibieron, a los que creen en su nombre, les dio el derecho de ser hijos de Dios".
> —JUAN 1:12

Así que el segundo día más importante de su vida es el día en el que reconoce a Jesucristo como su Señor y Salvador. De nuevo, no hablo del día en el que lo bautizaron o el día que lo llevaron a hacer su primera comunión. Me refiero al día en que Jesucristo se hizo real en su vida y lo reconoció, diciéndole: "Soy un pecador, necesito de un Salvador, Jesucristo yo reconozco que tú eres Dios, que viniste a la tierra, viviste una vida libre de pecado, moriste y resucitaste, y en este día tomo la decisión de recibirte como mi Señor y Salvador". No estoy hablando de religión, me refiero a una relación personal con Dios.

Todos hemos vivido ese primer día más importante de la vida, es decir, estamos vivos, ya nacimos; otros han tenido la gran fortuna de haber invitado a Jesús a sus vidas como Señor, y tienen una relación personal con Dios. (Si no lo ha hecho y desea hacerlo, al final de este capítulo le diré cómo puede hacerlo). Desafortunadamente, el tercer día, la gran mayoría de las personas no lo han vivido. ¿Cuál es el tercer día?

3. El tercer día más importante de su vida es aquel en el que descubre para qué nació. Dios planeó algo, usted es una creación preciosa, y hay planes y propósitos específicos para su vida.

Dios no se equivoca, Él es el mayor arquitecto que existe en todo el universo; todo lo que diseña y planea lo hace con un objetivo perfecto, y eso lo incluye a usted. Es una persona única, Dios le diseñó tal cual es.

> Dios planeó algo, usted es una creación preciosa, y hay planes y propósitos específicos para su vida.

Uno de los beneficios más grandes que se obtienen al recibir a Jesús como Señor es que le da la capacidad de escuchar su voz. Él dijo:

> "Mis ovejas oyen mi voz; yo las conozco y ellas me siguen".
>
> —JUAN 10:27

Para muchas personas es inconcebible decir: Dios me habló, pero para un hijo de Dios esto es parte del día a día. Teniendo esto claro, deseo preguntarle: ¿Alguna vez se ha atrevido preguntarle a Dios con respecto a su propósito? Cuando hace esta pregunta puede estar confiado en que la respuesta va a superar sus expectativas. Es más, hay una pregunta que yo motivo a la gente que le haga a Dios; es una pregunta poderosa: "¿Dios, qué pensaste cuando pensaste en mí?".

"Dios no es un Dios de casualidades", repito constantemente. Suelo decir que muchas veces hacemos oraciones que son tontas, como, por ejemplo, cuando decimos: "Padre, Señor, Dios, yo te pido que tomes el control". Me imagino a Dios contestando: "Hijo, ¿cuándo lo he perdido?". Creo que Dios dice: "Yo siempre estoy en control".

Todavía recuerdo cuando mi hija Marianna escondió el control remoto del Apple TV, y lo puso en el último lugar donde menos pensaba hallarlo. Lo estuve buscando por semanas. Especialmente me recordaba del control cuando ella misma deseaba ver alguna de sus películas favoritas, y empezaba un proceso donde cualquier padre se desespera. No sé si tiene hijos pequeños, pero mi hija tiene una particularidad, en el momento que desea algo, lo pide y lo vuelve a pedir, y de nuevo lo pide, una y otra y otra vez. Se imaginará mi frustración cuando ella empezaba a pedir una película una y mil veces, y yo por otro lado seguía sin encontrar el control remoto. Fue tanta mi desesperación que opté por comprar otro control remoto para solucionar mi situación. Semanas después, un día que estábamos limpiando la casa, apareció el control perdido. Lo bueno de esta historia es que ahora tengo dos, en caso de emergencia.

¿Por qué le comparto esta historia? Porque con ella Dios me enseñó que yo sí puedo perder el "control", sin embargo, Él nunca lo ha perdido. ¿Qué significa eso? Que usted no es simplemente el producto de una borrachera de su papá, ni el lamentable producto de una violación, ni tampoco el resultado de un desliz, ni siquiera si usted llegó a la tierra sin ser planeado por sus padres, por un error; usted fue creado con propósitos eternos, Dios nunca perdió el control. Dios no estaba mirando hacia otro lado u ocupado en otra cosa, en el momento de su concepción. He llegado a la

conclusión que solamente Dios puede hacer bebés. El día de su
nacimiento fue marcado de una manera particular, y Dios pensó

<hr>
**Usted fue creado con propósitos
eternos, Dios nunca perdió el control.**
<hr>

en usted y en esta generación
para ponerlo en la tierra. Recuerde que Dios dice:

> "Yo anuncio el fin desde el principio; desde los tiempos
> antiguos, lo que está por venir. Yo digo: Mi propósito se
> cumplirá, y haré todo lo que deseo".
>
> —ISAÍAS 46:10

En adición, el salmista nos pregunta:

> "¿Acaso Dios no lo habría descubierto, ya que él conoce los
> más íntimos secretos?".
>
> —SALMO 44:21

Espero comunicarme de una manera correcta al compartir estos
pensamientos. No quiero ser irrespetuoso con su pasado o tras-
fondo, antes bien, quiero reconocer su historia, dolores y traumas.
No sé cuáles fueron las circunstancias en las que usted fue concebido, ni el entorno en el cual nació y creció. Pero lo que sí sé es que
nuestro Padre soberano está muy por encima de toda falla, toda
falta, todo error y todo plan humano.

David lo sabía muy bien; en los Salmos él nos recuerda tres
cosas muy importantes que quiero reiterar en este momento. La
primera fue respecto a su concepción, al decir:

> "¡Mi madre me concibió en pecado!".
>
> —SALMO 51:5[b], RVC

Algunos teólogos han concluido que, muy seguramente, David
fue consecuencia de algún acto inmoral de su padre. También sus-
tentan este hecho basándose en el momento cuando el profeta
Samuel visita la casa de Isaí, el padre de David, y le pide llamar a
sus hijos para ungir al nuevo rey de Israel. Isaí trae a "todos" sus

hijos y Samuel no encuentra el visto bueno de Dios sobre ninguno de ellos, por lo cual le pregunta si tiene otro hijo. Es entonces allí cuando trae a David, como si no fuera parte de la familia, o por lo menos no de los hijos legítimos de su padre.

En segunda instancia, David también nos dice:

> "Antes de nacer fui puesto a tu cuidado; aun estaba yo en el vientre de mi madre, y tú eras ya mi Dios".
> —Salmo 22:10, rvc

No sé si usted puede ver en este verso la seguridad de David en la soberanía de Dios, en su plan eterno, en su total control sobre la vida de sus hijos. Es como si él le dijera a Dios: "No me importa que haya sido concebido de esta o aquella manera, lo que sé es que eres mi Dios, que me has cuidado desde el vientre de mi madre". En el Salmo 139, David dice de igual forma algo precioso respecto a su Dios:

> "Tú, Señor, diste forma a mis entrañas; ¡tú me formaste en el vientre de mi madre! Te alabo porque tus obras son formidables, porque todo lo que haces es maravilloso. ¡De esto estoy plenamente convencido! Aunque en lo íntimo me diste forma, y en lo más secreto me fui desarrollando, nada de mi cuerpo te fue desconocido. Con tus propios ojos viste mi embrión; todos los días de mi vida ya estaban en tu libro; antes de que me formaras, los anotaste, y no faltó uno solo de ellos".
> —Salmo 139:13–16, rvc

¿Sabe algo? Este es el Dios en quien he decidido creer, uno que cuida, que protege, que me guarda y que tiene un plan perfecto para mi vida. Le invito a creer lo mismo para usted.

En tercera instancia, David declara:

"Mis padres podrán abandonarme, pero tú me adoptarás
como hijo".
—SALMO 27:10, TLA

Qué impresionante saber que somos hijos de Dios, que somos
adoptados por Él al recibir a Jesús como Señor y Salvador en
nuestra vida. David tenía la confianza en su Padre celestial, muy
por encima de las circunstancias que rodeaban su vida, ya fuera
por el abandono, el rechazo, el manoteo que sufrió por parte de
sus hermanos, la crítica de parte de su esposa Mical, o sus mismas
fallas ante Dios. Él sabía en quién había creído y quién era su verdadero padre.

Deseo finalizar este primer capítulo reiterando el valor que
usted tiene como ser humano. No sé si alguna vez lo ha pensado,
pero vale tanto que precisamente por usted, Dios resolvió el problema de la separación con la humanidad por causa del pecado,
enviando a su hijo Jesús. La Biblia nos dice:

"Porque tanto amó Dios al mundo que dio a su Hijo unigénito, para que todo el que cree en él no se pierda, sino que
tenga vida eterna. Dios no envió a su Hijo al mundo para
condenar al mundo, sino para salvarlo por medio de él".
—JUAN 3:16–17

Si no ha experimentado el segundo día más importante en la
vida de un ser humano, deseo invitarle a que lo viva hoy. Si así lo
desea, quiero pedirle que repita esta oración, arrepintiéndose por
sus pecados, e invitando a Jesús a morar en su vida, para que sea
su Señor y Salvador. Por favor repita esta oración:

*Padre celestial, reconozco que soy un pecador y necesito de
un Salvador que me ponga en paz contigo. Por esta razón,
me arrepiento de mis pecados y reconozco que Jesús es
tu Hijo, y en este día lo invito a morar dentro de mí.*

Confieso que Él es mi Señor y mi Salvador. Gracias por perdonar mis pecados y adoptarme como tu hijo. Amén.

¡Felicitaciones! Si nunca había tomado esta decisión, hoy ha vivido el segundo día más importante de su vida: ha recibido a Jesús como Señor y Salvador, y ha sido adoptado por el Padre celestial como su hijo. ¡Bienvenido a la familia de Dios!

Capítulo 2

DESDE ANTES DE NACER

"He creído en un Dios que no opera por casualidades".

—EDWIN CASTRO

NO ES UNA coincidencia que haya comenzado a leer este libro, justo hoy, en este instante, en medio de las circunstancias y temporada de su vida. Dios tiene planes y propósitos específicos con su vida para este tiempo, y mi anhelo es poder ayudarle a identificarlos y alcanzarlos. Sin embargo, lo primero que debe entender es que este propósito existió desde antes que usted naciera.

Tengo la fortuna de haber descubierto mi propósito y dedicarme a vivir para él. Hoy día encuentro que mi trabajo, mi ministerio y mi propósito son lo mismo. Sin embargo, no todo el mundo lo interpreta de la misma manera. Cuando me reúno con obreros de construcción, empleados, políticos, médicos, pastores, empresarios, estudiantes, entre otros, noto que existe un factor común entre la mayoría de ellos. Y es que simplemente están existiendo, no conocen cuál es su propósito en la vida, no saben para qué han nacido, y esto es muy triste, ¿por qué razón? Porque debido a eso, son personas que no trascienden, que no dejan una marca, se desperdician en la vida, por así decirlo. Muchos de ellos no tienen clara, ni siquiera, la noción de "legado"; tan solo tienen un negocio, un ministerio o un trabajo.

Una vez estaba entre un grupo de empresarios, y les hice esta pregunta: "Si usted muriera hoy, aparte de su familia, ¿quién lo extrañaría?". Esas son preguntas que nos tenemos que hacer:

¿Quién nos va a extrañar? ¿A quién le vamos a hacer falta? ¿Quién va a encontrar inspiración en nuestro paso por esta tierra? ¿Quién se va a favorecer por nuestro trabajo? Esas preguntas apelan a la certeza de que usted está trayendo soluciones a ciertas áreas de la sociedad, que es una respuesta a la necesidad de alguien más y, por causa suya, el mundo puede ser un mejor lugar para vivir. La verdad es que la gran mayoría de las personas no alcanzan a desarrollar su potencial y la asignación para la cual fueron creadas. Simplemente se convierten en otro ser que nació, creció, se reprodujo y murió. No quiere decir que estos hombres y mujeres no sean importantes, sino que, desafortunadamente, no han alcanzado esos propósitos para los cuales Dios los creó, ni han desarrollado el potencial que está dentro de ellos.

No sé si esto le ha ocurrido, pero cuando leemos la Biblia, encontramos versículos que nos cambian la vida para siempre. Existen momentos en los que usted lee una por-

> La gran mayoría de las personas no alcanzan a desarrollar su potencial y la asignación para la cual fueron creadas.

ción de la Biblia, y esta vez no es un versículo, sino que algo se despierta dentro de usted; algo nace, algo empieza. Eso me pasó, como mencioné antes, al leer Hechos 13:36.

La palabra *propósito* saltó dentro de mí, y me empezó a "poseer". Empecé a encontrar otros versículos que hablaban de lo mismo. Comencé a ver las historias de los hombres de Dios de una manera diferente. Leí las profecías que habían sido dichas en la antigüedad sobre ellos y lo que harían en la tierra, por lo que pude ver su marca sobre la humanidad. También vi lo que sucedía cuando uno de estos personajes moría y cuánta tristeza traía a su alrededor, ya que dejaban un gran vacío. Estudié el caso de David y vi como él se volvió un referente de comportamiento para todos los reyes que le sucedieron. Si lee los libros de los Reyes y las Crónicas verá que los reyes fueron juzgados por el estándar que dejó David.

"En el año veinte de Jeroboam, rey de Israel, Asa comenzó
a reinar sobre Judá. Reinó cuarenta y un años en Jerusalén;
y el nombre de su madre era Maaca, hija de Abisalom. Asa
hizo lo recto ante los ojos del Señor, como David su padre".

—1 Reyes 15:9–11, lbla

"En el año diecisiete de Peka, hijo de Remalías, comenzó a
reinar Acaz, hijo de Jotam, rey de Judá. Acaz tenía veinte
años cuando comenzó a reinar, y reinó dieciséis años en
Jerusalén; pero no hizo lo recto ante los ojos del Señor su
Dios como su padre David había hecho".

—2 Reyes 16:1–2, lbla

Qué impresionante cuando nuestra vida se vuelve un ejemplo,
una motivación para esta y las siguientes generaciones. Sin embargo, quiero decirle que hubo otro versículo que también marcó
mi vida de manera fuerte y tiene que ver con otro rey, Joram:

"Después de todo esto, el Señor lo hirió en los intestinos
con una enfermedad incurable. Y aconteció que con el correr
del tiempo, al cabo de dos años, los intestinos se le salieron
a causa de su enfermedad, y murió con grandes dolores. Y
su pueblo no le encendió una hoguera como la hoguera que
habían encendido por sus padres. Tenía treinta y dos años
cuando comenzó a reinar, y reinó ocho años en Jerusalén;
y murió sin que nadie lo lamentara, y lo sepultaron en la
ciudad de David, pero no en los sepulcros de los reyes".

—2 Crónicas 21:18–20, lbla

No quiero enfocarme en el tipo de muerte que tuvo Joram por
su desobediencia, ya que creo
fue suficiente castigo, sino
más bien deseo hacer énfasis
en la última parte de estos
versículos: "*…y murió sin que*

> Qué impresionante cuando
> nuestra vida se vuelve un ejemplo,
> una motivación para esta y
> las siguientes generaciones.

nadie lo lamentara, y lo sepultaron en la ciudad de David, pero no en los sepulcros de los reyes". ¡Qué fracaso! ¿Se imagina usted ese tipo de epitafio: Aquí yace fulano de tal, nadie lamentó su muerte?

Dos reyes, dos historias totalmente diferentes, dos memorias opuestas; aunque es claro que David no fue perfecto, estuvo muy lejos de serlo. Sin embargo, en su humanidad marcó a su generación y a las generaciones por venir. Le pregunto, ¿cómo será recordado? ¿Recuerda la historia que le conté en la introducción sobre mi mamá? Más de 400 personas asistieron a su celebración de vida, y no fue en su país de origen. Mamá vivió los últimos dieciséis años de su vida en Miami, Florida, EE. UU., pero su gran marca la dejó en Colombia. Creo que literalmente miles hubieran asistido esa noche si la hubiéramos realizado allí. Le recuerdo, ella no fue a la escuela, ni se graduó de universidad ni levantó una gran empresa o ministerio; no obstante, fue una hija de Dios que marcó a esta generación y las venideras por medio de sus hijos. Hoy, en muchas áreas de mi vida, quiero ser comparado con el estándar que dejó mamá: quiero servir, amar, dar, orar, compartir la fe, interceder, apoyar, acompañar, leer la Biblia como ella lo hizo, y aun más de ser posible.

CUANDO SE DESCONOCE PARA QUÉ NACIÓ

El desconocimiento del propósito causa muchas cosas lamentables; por ejemplo, que pierda tiempo, dinero, oportunidades y conexiones. Piense en esto, ¿alguna vez ha conocido a una persona que empieza una carrera y a los dos semestres se va para otra, y prueba nuevamente con otra y no termina nada? El problema es que en los Estados Unidos, para finales del 2017, la deuda de crédito estudiantil era 1,5 billones de dólares, y eso es mucho dinero desperdiciado.[1] ¿Por qué razón? Porque las estadísticas también muestran que el 73% de las personas no trabajan en el área en la cual se graduaron.[2] ¿Qué quiere decir eso? Que cerca de un billón de dólares se ha desperdiciado, porque personas que estudiaron enfermería ahora están vendiendo pasteles. ¿Hay algo malo con vender pasteles? ¡No! Nada hay de malo con venderlos o con hacer cualquier otra cosa para sustentarse, siempre y cuando sea legal. El problema es que deberíamos ser gente de propósito, de tal forma que si invertimos en educación que sea para capacitarnos en aquello para lo cual Dios nos creó; que no hayan más arquitectos haciendo jardines, ingenieros vendiendo carros, diseñadores trabajando en servicio al cliente, etc.

Cuando usted llega al edificio de nuestra congregación Presencia Viva en Miami, notará fácilmente una pared con todos los principios organizacionales, es decir, nuestra cultura. Incluido en este gran afiche encontrará la frase "somos gente de propósito". Nuestra promesa es que en este lugar, y fundamentados en la Palabra de Dios, vamos a "quitarle" para que "gane". Deseamos que usted comprenda cuál es su propósito en la vida. Es esencial que usted se despoje de aquello que no le sirve, aquello que le estorba. Aquellos asuntos tóxicos deberán

> **Deberíamos ser gente de propósito, de tal forma que si invertimos en educación que sea para capacitarnos en aquello para lo cual Dios nos creó.**

ser removidos de su interior para que deje de ser un número más, una estadística, y se convierta en un protagonista de su historia, de la historia de todos.

La palabra *quitar* puede tener una implicación de pérdida, pero quiero explicarle a qué me refiero. Hoy día, doy gracias a Dios por mentores que han pasado por mi vida y que provocaron esas conversaciones que generaron confrontación, rabia, desilusión, frustración, crisis, etc. Esto produjo que "perdiera" hábitos, doctrinas, pensamientos, conclusiones, paradigmas y muchos otros, para que ganara valor en muchas áreas de mi vida.

Uno de esos mentores me compartió que el proceso que toda persona debía tener era similar al de un diamante. Tenía que ser extraído de las profundidades de la tierra y ser llevado a las manos de un tallador (lapidario), para que entonces este, con su destreza, empezara a analizar qué partes de las imperfecciones originales de la piedra necesitaban ser removidas. Así entonces, esta piedra brillará y alcanzará un valor mucho mayor. Esto es claro, toda piedra preciosa va a "perder", pero va a "ganar", va a perder peso al ser llevada ante el experto, pero al salir de sus manos habrá ganado muchísimo valor.

Necesitamos comprender que el Dios en el cual creemos, no es cualquier dios, ni deja nada a la casualidad o al destino.

> "Toda obra del Señor tiene un propósito; ¡hasta el malvado
> fue hecho para el día del desastre!".
> —Proverbios 16:4

Dios nunca ha perdido el control; Él siempre ha estado donde está, y hoy te dice como en un susurro: "Regresa de donde te fuiste; te estoy esperando en el mismo lugar. No me he movido, no he cambiado y no he cancelado el plan que tengo contigo".

Es mi anhelo entonces que, a través de este libro, pueda ser inspirado a conocer, identificar y esclarecer la asignación para la cual fue creado, lo cual en palabras sencillas es mi definición de propósito.

El propósito precede la existencia

Propósito significa la asignación para la cual usted fue creado. A partir de esta definición quiero presentar el fundamento de este libro: "Su propósito precede su existencia".

Preceder significa existir antes de, es decir, "mi propósito existió desde antes de que yo existiera". ¿Cómo así? Muchos piensan que el propósito es algo que se va formando con el paso de los años, con las experiencias, con el estudio. Sin embargo, quiero decirle que no estoy de acuerdo con ninguno de estos puntos de vista. Es claro que el propósito se descubre, pero se nace con él. Muchos pueden pensar que esta declaración es bastante atrevida, el problema no es que lo sea, sino que sea bíblica.

Antes de sustentar esta frase, quiero compartir otro pensamiento: "Su propósito y su existencia tienen un encuentro en el tiempo", se encuentran en algún instante en la historia de la humanidad. ¿Por qué es importante entender esto? Porque concluimos fácilmente que Dios no planeó que usted naciera hace 500 años, ni el próximo mes. Dios escogió la fecha de su nacimiento. Si usted llega a la conclusión de que Dios siempre ha estado al control, va a creer lo que le estoy hablando. Dios mismo nos mostró esta realidad en la vida de su propio Hijo.

> **Es claro que el propósito se descubre, pero se nace con él.**

"Pero cuando se cumplió el tiempo señalado, Dios envió a su Hijo, que nació de una mujer y sujeto a la ley, para que redimiera a los que estaban sujetos a la ley, a fin de que recibiéramos la adopción de hijos".
—GÁLATAS 4:4–5, RVC

Me impacta este versículo porque nos hace entender que ni siquiera Jesús nació en un día cualquiera, sino en un día exacto señalado por Dios. De igual manera, usted y yo nacimos en tiempos específicos, y nuestro propósito se encuentra también con un momento de la historia de la humanidad. Jesús no nació cien años antes, ni tres meses después ni quinientos meses después, ni cien segundos antes. Él nació en el tiempo perfecto y justo. ¡Y eso sucedió también con usted!

> **Usted y yo nacimos en tiempos específicos, y nuestro propósito se encuentra también con un momento de la historia de la humanidad.**

Con esto en mente se nos deberían acabar esos pensamientos como: "¡Ay!, yo hubiese querido vivir en el 1700"; "Es que esto está muy terrible, está muy difícil". ¿Sabe qué? Dios diseñó que en este año usted estuviera vivo. Usted es un regalo para esta generación. Yo me veo a mí mismo de esta manera.

Algunas personas han recibido las peores expresiones de desaprobación: "No vale nada", "Nunca va a alcanzar nada", "Debe estudiar para ser alguien en la vida", ¿y si no estudia no es nadie en la vida? No se trata de no estudiar, sino de que nos ponemos a estudiar cosas que no tienen nada que ver con nuestro propósito, y por eso mucha gente detesta lo que estudia. El sistema educativo en las escuelas y los colegios tradicionales no aportan nada al descubrimiento del propósito. ¿Por qué razón? Porque nos llevan a todos por el mismo currículo, cuando hay cosas que Dios simplemente no nos dio la capacidad de comprender. Por ejemplo, hay personas que por mucho que usted les enseñe o les capacite, no van a ser buenos en las matemáticas, o en las ciencias, como química o física, mientras que otros sí lo disfrutan.

Hace un par de años, una hermosa pareja de nuestra congregación tuvo su primer hijo. Este pequeñito, desde los pocos meses de nacido, empezó a mostrar una habilidad innata para la música. Su papá, un consagrado guitarrista, identificó esta habilidad e hizo dos cosas muy importantes. Primero, no quiso hacer de su hijo otro guitarrista como él; y segundo, empezó a capacitar a su pequeño con aquello que le gustaba, la percusión. Qué emoción me produce ver a un ser humano que no ha cumplido aún tres años, y que ya ha descubierto una capacidad literalmente sobrenatural para la música y su instrumento predilecto.

> El sistema educativo en las escuelas y los colegios tradicionales no aportan nada al descubrimiento del propósito.

¿Cómo se aplica esto a lo que vengo explicando? Bueno, en primera instancia, no estoy diciendo que el niño no vaya a aprender nunca matemáticas, historia o geografía. Lo que estoy diciendo es que, desde su corta edad, sus padres se están enfocando en hacer más fuertes las fortalezas del niño, en lugar de enfocarse en fortalecer sus debilidades, y este es un paradigma que debe ser roto. Debemos entender que no podemos ser excelentes en todo. Entiéndame que no tengo ni un solo viso de mediocridad en mi declaración. Lo que trato de plantear es: ¿qué pasaría si cada cual se dedica a hacer lo que Dios le mandó hacer, y se vuelve el mejor en esa área, en lugar de ser mediocres en un montón de cosas? Creo que el mundo sería diferente y habría más personas felices, plenas y satisfechas consigo mismas.

Hace unos meses estaba viendo una entrevista en televisión de un personaje famoso. En determinado momento, el periodista le realizó una pregunta sobre una decisión que él había tomado respecto a su hija de 16 años. Cuando ella tenía 14 años, le dijo: "Papá, quiero retirarme del colegio, estoy perdiendo el tiempo. Deseo

> ¿Qué pasaría si cada cual se dedica a hacer lo que Dios le mandó hacer, y se vuelve el mejor en esa área, en lugar de ser mediocres en un montón de cosas?

dedicar mi vida a la fotografía. Tú sabes que esto es más que un pasatiempo para mí, y sabes que soy buena". El padre, después de establecer unos parámetros muy claros respecto a cómo terminaría su educación, siendo flexible para que ella pudiera concluir y dedicara su mayor esfuerzo a capacitarse y emprender su sueño, aceptó. Me impresionó visitar la página web de la chica; a sus 16 años tenía algo bastante sólido y estaba enfocada en aquello para lo cual entendía que había nacido. En tanto veía este ejemplo, pensaba: *¿Qué hubiese ocurrido si a mis 14 años le hubiera dicho a mis padres que deseaba dedicarme a escribir? ¿Qué hubiera ocurrido?* Seguramente las respuestas hubieran sido algo así como: "De escribir nadie vive", o "¿Quién va a comprar los libros?", "¿En dónde los vas a publicar?"; qué se yo. Un montón de impedimentos en lugar de opciones. Aclaro que para hablar de un tema como este se requiere mucha madurez y dirección del Espíritu Santo. He conocido también muchos adolescentes que a los 14 años quieren hacer un sinnúmero de tonterías. Pero qué bueno que contamos con la dirección de Dios para la toma de decisiones.

EJEMPLOS DE LA BIBLIA

Veamos unas reseñas cortas sobre cuatro personajes de la Biblia. Al estudiar la declaración de lo que serían sus vidas, usted podrá concluir si tengo o no razón al plantear que el propósito precede la existencia.

El profeta Jeremías

La Biblia nos muestra una conversación que Dios tuvo con Jeremías, como él lo narra:

> "El Señor me dio el siguiente mensaje: "Te conocía aun antes de haberte formado en el vientre de tu madre; antes de que nacieras, te aparté y te nombré mi profeta a las naciones"".
>
> —Jeremías 1:4–5, ntv

Si hacemos una paráfrasis de este versículo, Dios le dijo algo así: "Jeremías, tu papá y tu mamá no se habían conocido y yo ya tenía un plan para ti; tus papás no habían nacido y yo ya tenía un plan para ti; tus tatarabuelos no estaban todavía en la historia de la tierra y ya yo tenía un plan para ti". No sé si esto le ayuda a comprender el valor que usted tiene en Dios, porque esto ¡Dios también lo dice de usted! Mire qué declaración tan tremenda:

> "Antes de formarte en el vientre, ya te había elegido; antes de que nacieras, ya te había apartado; te había nombrado profeta para las naciones".
>
> —Jeremías 1:5, nvi

¿Puede abrazar esta afirmación y decir: "¡He sido elegido por Dios aun desde antes que mis padres se conocieran!"? ¡Este versículo es increíble! Si simplemente llegamos a la conclusión de que este versículo está en la Biblia, y es verdad, ¿qué más necesitamos? Si está allí lo creo y punto.

Si usted lee la vida de Jeremías llegará a la conclusión de que el propósito de este hombre se cumplió.

> ¡He sido elegido por Dios aun desde antes que mis padres se conocieran!

¿Sabe usted que hay un versículo en la Biblia que habla de su propósito? El problema es que no leemos la Biblia con esta perspectiva, por eso no se conoce nuestro propósito de existencia.

Ismael

A este hombre la Biblia lo describe de una manera muy especial. Ismael no es el personaje de quien más se predica. No obstante, es interesante que aun desde antes de nacer, Dios también anuncia su propósito. Las religiones más grandes de la tierra tienen un denominador común en Abraham. De él surgen los judíos, los musulmanes y los cristianos. Y Abraham, en determinado momento de su vida, se adelantó al plan que Dios tenía. Fue entonces cuando tuvo un hijo con la esclava Agar. Este hijo fue Ismael, el padre de las naciones árabes. Usted verá con este versículo, si alguno de los hijos de Ismael cumple específicamente con esta descripción que Dios les dio. Dios se encuentra con Agar, la mamá de Ismael, y le dice:

> "Estás embarazada, y darás a luz un hijo, y le pondrás por nombre Ismael, porque el Señor ha escuchado tu aflicción. Será un hombre indómito como asno salvaje. Luchará contra todos, y todos lucharán contra él; y vivirá en conflicto con todos sus hermanos".
> — GÉNESIS 16:11–12

"Será un hombre indómito", ¿sabe qué significa eso? Sería un hombre indomable, rebelde, con voluntad fuerte, luchador, guerrero como asno salvaje. ¿Cree que este versículo describe lo que sucedió en los tiempos bíblicos, y que aún en estos días vemos rastros y evidencias con grupos como ISIS en el Medio Oriente? La Biblia lo afirma una vez más:

> "El Señor ha hecho todo para sus propios propósitos, incluso al perverso para el día de la calamidad".
> —Proverbios 16:4, ntv

Recuerde que Dios está en control, y hasta el perverso nace para el día de la calamidad.

Juan el Bautista

Me siento profundamente conectado a la vida de Juan el Bautista. Mi esposa y yo tuvimos que esperar casi trece años para que mi hija naciera, para poderla ver y cargar, a pesar de que teníamos una promesa. Fue cuando empecé a encontrar un patrón recurrente con aquellos grandes hombres de la Biblia, que vinieron a existir en ciertos momentos específicos de la historia. Si los estudia detenidamente, las mamás eran estériles. ¿Por qué razón? Porque había un tiempo perfecto para su nacimiento. Esto lo encuentra usted en Isaac, Jacob, Sansón, Samuel, José, y lo vemos con un hombre como Juan el Bautista.

> Dios está en control, y hasta el perverso nace para el día de la calamidad.

En algunos versículos de la Biblia leemos sobre estas mamás, cuando dice: "…y Dios se acordó de…", "…y entonces le abrió el vientre a…". Dios en su perfección entendió que era el tiempo que Él mismo había asignado, y entonces dijo: "Muy bien, ahora ella puede quedar embarazada".

Usted no se imagina la certeza y seguridad que Dios ponía en mi corazón de que mi hija no iba a nacer dos meses después, ni cuatro años antes ni cinco meses más tarde del tiempo que Él había señalado. Ella nació cuando Dios así lo quiso.

Le voy a ser honesto, en mi mente, ella nació posiblemente en uno de los momentos más complejos para nosotros. Estábamos en la mitad de la construcción del primer auditorio de Presencia Viva. Tenía cerca de doce meses de haber empezado nuestra congregación; Dios nos había respaldado financieramente y habíamos conseguido nuestro lugar propio. Pero se requería una gran renovación interna para que funcionara como un lugar de reunión para una iglesia. Estábamos atareados, ocupados y enfocados en este "bebé" llamado Presencia Viva que recién había nacido, y yo decía para mis adentros: *¿Y ahora cómo vamos a hacer con una bebita?* Fue allí cuando Dios me dijo: "Te la traigo para que recuerdes que mi presencia siempre estará contigo, y esta bebé será una señal del crecimiento de la iglesia". ¡A Dios no se le escapa nada!

Marianna y Presencia Viva han crecido de la mano, literalmente son muy parecidas. Ambas han crecido físicamente muy rápido, y algunos no creen la edad que tienen al ver su tamaño.

Así lo vemos en la vida de Juan. Él tenía este "problema". Su mamá, Elisabet, era estéril, pero un ángel se le aparece a Zacarías, y le dice lo siguiente:

> "Y mientras Zacarías estaba en el santuario, se le apareció un ángel del Señor, de pie a la derecha del altar del incienso. Cuando Zacarías lo vio, se alarmó y se llenó de temor, pero el ángel le dijo: ¡No tengas miedo, Zacarías! Dios ha oído tu oración. Tu esposa, Elisabet, te dará un hijo, y lo llamarás Juan. Tendrás gran gozo y alegría, y muchos se alegrarán de su nacimiento, porque él será grande a los ojos del Señor. No deberá beber vino ni ninguna bebida alcohólica y será lleno del Espíritu Santo aun antes de nacer. Y hará que muchos israelitas vuelvan al Señor su Dios. Será un hombre con el espíritu y el poder de Elías; preparará a la gente para la venida del Señor. Inclinará el corazón de los padres hacia los hijos y hará que los rebeldes acepten la sabiduría de los justos".
>
> —LUCAS 1:11–17, NTV

Fíjese que el ángel le dijo: "No tengas miedo, Zacarías, pues ha sido escuchada tu oración. Tu esposa Elisabet te dará un hijo, y le pondrás por nombre Juan" (NVI). ¿Se ha dado cuenta que para Dios los nombres son muy importantes? Algunas personas son tan descuidadas que les ponen cualquier nombre a sus hijos y los marcan para toda la vida. El nombre es una declaración constante sobre la persona. Imagine que alguien le pone un nombre a una niña y el significado del nombre es "amargada". Entonces, al ser saludada las personas le estarán diciendo: "Hola, amargada, ¿cómo estás, amargada? ¿Te cortaste el cabello, amargada?". Recuerde, el nombre es una declaración constante sobre la persona. Dios le dice a Zacarías: "...le pondrás por nombre Juan. Tendrás gozo y alegría, y muchos se regocijarán por su nacimiento, porque él será un gran hombre delante del Señor" (vv. 13–15). Quiero decirle algo: de la única persona que Jesús declaró esto que le voy compartir fue de Juan. Él dijo:

> **El nombre es una declaración constante sobre la persona.**

"Les digo que de todos los hombres que han vivido, nadie es superior a Juan".

—Lucas 7:28, NTV

¿Se le parece un poco esta declaración a lo que dijo Dios antes de que Juan naciera? Le pregunto: ¿Qué es lo que Dios ha dicho de usted? ¿Y qué tanto se parece a su condición actual? Recuerde, el éxito no está determinado por lo que la gente dice de usted; el éxito está determinado por cuánto haya alcanzado con respecto al propósito de Dios para su vida. Entonces, ¿con quién o qué nos estamos comparando para ver si somos exitosos? Compárese con lo que Dios dijo de usted, y ahí va a saber que es exitoso.

> **El éxito está determinado por cuánto haya alcanzado con respecto al propósito de Dios para su vida.**

Dios añade más con respecto a Juan: "Jamás tomará vino ni licor, y será lleno del Espíritu Santo aun desde su nacimiento. Hará que muchos israelitas se vuelvan al Señor su Dios. Él irá primero, delante del Señor, con el espíritu y el poder de Elías, para reconciliar a los padres con los hijos y guiar a los desobedientes a la sabiduría de los justos. De este modo preparará un pueblo bien dispuesto para recibir al Señor" (vv. 15–17). ¿Qué tenía Dios en mente? Permítame especular aquí. Dios dice: "Mira, voy a enviar a Jesús, pero necesito enviar a alguien para que todo esté dispuesto para cuando Él venga. Elisabet es estéril... ¡ábrete vientre!, que nazca un hombre llamado Juan que prepare el camino, porque entonces Jesús vendrá".

Uno de los factores importantes de conocer su propósito es que le deja saber quién es y quién no es, a qué le llamó Dios y a qué no le llamó Dios. Fíjese que en determinado momento en la vida de Juan, algunos se le acercaron a él para preguntarle si era el Mesías.

> Uno de los factores importantes de conocer su propósito es que le deja saber quién es y quién no es, a qué le llamó Dios y a qué no le llamó Dios.

Su respuesta denotó la seguridad y certeza de saber quién él era y para qué había sido llamado:

> "Éste es el testimonio de Juan. Cuando los judíos enviaron desde Jerusalén sacerdotes y levitas para que le preguntaran: Tú, ¿quién eres?, Juan confesó, y no negó, sino que confesó: Yo no soy el Cristo. Y le preguntaron: Entonces, ¿qué? ¿Eres Elías? Dijo: No lo soy. ¿Entonces eres el profeta? Y él respondió: No. Le dijeron: ¿Quién eres, entonces? Para que demos respuesta a los que nos enviaron, ¿qué dices de ti mismo? Juan dijo: Yo soy la voz que clama en el desierto: "Enderecen el camino del Señor", como dijo el profeta Isaías".
> —JUAN 1:20–23, RVC

El Evangelio de Juan, hablando de Jesús, dice que "Él era la luz", y después habla de Juan y dice que "él no era la luz".

> "Dios envió a un hombre llamado Juan el Bautista para que contara acerca de la luz, a fin de que todos creyeran por su testimonio. Juan no era la luz; era solo un testigo para hablar de la luz. Aquel que es la luz verdadera, quien da luz a todos, venía al mundo".
>
> —JUAN 1:6–9, NTV

Es tan importante conocer esto, porque si no te vas a meter en cosas que Dios no te mandó hacer. Y somos tan atrevidos que estamos haciendo cosas que Dios no nos mandó a hacer, y le decimos: "Oye, métete en mi plan Dios, júntate". Por ejemplo, ¿por qué razón creo que nuestra congregación al único lugar que va es para adelante, para ser de mayor impacto? ¿Por qué lo sé? Porque Dios me lo habló desde hace mucho tiempo. Porque me dijo a qué nos íbamos a dedicar. Porque me asignó una gente a la cual tenía que impactar. Todo eso tiene que ver con su propósito. Cuando usted no conoce su propósito, estará como si tuviera una escopeta, cazando pero con los ojos vendados, a ver si le dispara a algo.

Jesús

No podemos concluir con la historia de otro personaje, sino con la vida de nuestro Señor Jesús, porque se trata de exaltarlo a Él, de engrandecer el nombre de Jesús.

En el Evangelio de Lucas se presenta una conversación muy interesante (me hubiera gustado estar presente). Viene un ángel y se le presenta a una joven, quizás de 14 o 15 años, y le dice lo siguiente:

> "Seis meses después, Dios envió al ángel Gabriel a la ciudad galilea de Nazaret para ver a María, una virgen que estaba comprometida con José, un hombre que era descendiente de David. El ángel entró en donde ella estaba y le dijo: "¡Salve,

muy favorecida! El Señor está contigo". Cuando ella escuchó estas palabras, se sorprendió y se preguntaba qué clase de saludo era ése. El ángel le dijo: "María, no temas. Dios te ha concedido su gracia. Vas a quedar encinta, y darás a luz un hijo, y le pondrás por nombre JESÚS. Éste será un gran hombre, y lo llamarán Hijo del Altísimo. Dios, el Señor, le dará el trono de David, su padre, y reinará sobre la casa de Jacob para siempre, y su reino no tendrá fin". Pero María le dijo al ángel: "¿Y esto cómo va a suceder? ¡Nunca he estado con un hombre!". El ángel le respondió: "El Espíritu Santo vendrá sobre ti, y el poder del Altísimo te cubrirá con su sombra. Por eso el Santo Ser que nacerá será llamado Hijo de Dios"".

—Lucas 1:26–35, rvc

¿Puede imaginar esta conversación? El ángel se le aparece a esta jovencita, virgen, ¡diciéndole que tendría un hijo! ¿Se imagina lo que estaría pensando esta joven? Posiblemente conociendo lo que le pasaba a una adúltera, seguramente le vendrían a su mente imágenes de algunas mujeres que habían sido apedreadas y recibido todo el castigo cultural y la marca social que esto acarrearía; *además ¿cómo se lo explico a mi prometido?* No fue sencillo; creo que lo único que le permitió abrazar esa tarea fue la voz del ángel que le dio certeza y seguridad. Ese día, Dios la marcó.

> **Dios quiere marcar a sus hijos de una manera sobrenatural en estos tiempos, y dejarles saber que tienen un propósito.**

¿Sabe algo? Dios quiere marcar a sus hijos de una manera sobrenatural en estos tiempos, y dejarles saber que tienen un propósito. La gran mentira de Satanás para esta generación es que no tienen valor propio. Por eso tienen que andar buscando con quién identificarse, a quién parecerse, qué o quién está de moda para vestirse, actuar, hablar y cantar igual, porque en ellos mismos no encuentran valor. Es mi anhelo enseñarle a esta generación de niños y jóvenes el gran valor que tienen en Dios; que sepan que no tienen que vender su cuerpo para tener una vida con significado; que su valor está determinado en lo que Dios dijo de ellos desde antes de la fundación del mundo.

> "No tengas miedo, María; Dios te ha concedido su favor —le dijo el ángel—. Quedarás encinta y darás a luz un hijo, y le pondrás por nombre Jesús. Él será un gran hombre, y lo llamarán Hijo del Altísimo. Dios el Señor le dará el trono de su padre David, y reinará sobre el pueblo de Jacob para siempre. Su reinado no tendrá fin".
>
> —Lucas 1:30–33

Recuerde, todo esto fue dicho antes de que Jesús naciera, su propósito precedió su existencia. Usted tiene un propósito, tiene una asignación, y el Espíritu Santo está viniendo sobre esta generación, porque Dios lo profetizó. Él ya nos dijo cuál iba a ser el fin que iban a tener los niños y los jóvenes.

> "Dios ha dicho: En los últimos días derramaré de mi Espíritu sobre toda la humanidad. Los hijos y las hijas de ustedes profetizarán; sus jóvenes tendrán visiones y sus ancianos tendrán sueños. En esos días derramaré de mi Espíritu sobre mis siervos y mis siervas, y también profetizarán".
>
> —Hechos 2:17–18, rvc

¿Sabe algo? Usted y yo somos parte de esta generación sobre la cual Dios desea derramar su Espíritu como nunca antes lo ha hecho. Eso es lo que Él anhela y lo que nos espera. El Dios de quien les hablo es el mismo Dios que le habló a cada uno de estos personajes bíblicos, y es el Dios que en Isaías declara:

> **Dios pensó en usted y le trajo a existencia para este tiempo, para esta generación.**

"Yo anuncio el fin desde el principio; desde los tiempos antiguos, lo que está por venir. Yo digo: Mi propósito se cumplirá, y haré todo lo que deseo".

—Isaías 46:10

Pude haber incluido muchas otras historias en este capítulo. Si desea puede leer en la Biblia sobre personas como Sansón, Isaac, Isaías, Jacob, Esaú, Obed, Ciro, y muchos otros.

Recuerde, Dios pensó en usted y le trajo a existencia para este tiempo, para esta generación.

Capítulo 3

EN SU INTERIOR

"El valor en la vida no está dado por lo que se hace, se posee o se alcanza, sino por quien ya es".

—Edwin Castro

No hay error en ninguna de las características que conforman su humanidad. Usted es un ser extremadamente precioso porque es único. En inglés hay una expresión que me gusta mucho, y es esa palabra *unique*. Ella me lleva a entender que esa huella digital solo la tengo yo y absolutamente nadie más. Es algo totalmente personal, es algo que no me pueden robar, ni me pueden falsificar, es como mi ADN. Creo que fabricar huellas digitales es imposible. Nadie puede hacer eso, nadie puede ponerle una huella diferente en sus manos.

En un nivel más profundo y trascendental, el propósito de un ser humano es el sentido que otorga a la vida. El argumento de muchos suicidas es: "no le encuentro sentido a la vida". Por esa razón, toman una decisión tan absurda, aunque no juzgo a nadie. Considero que un persona debe estar en un nivel de desesperación tan grande, con una desesperanza tan grande y tan engañado por el enemigo, que lo motive a tomar una decisión de acabar con su vida.

Estoy hablando de un propósito de vida que hace referencia a la intención de

> El propósito de un ser humano es el sentido que otorga a la vida.

alcanzar la existencia plena y no simplemente "ser" por inercia, es decir, existir porque sí. Todos y cada uno de nosotros debemos explorar esos pensamientos que Dios tuvo desde la eternidad para nuestra vida.

En los capítulos anteriores exploramos la pregunta: "Dios, ¿qué pensaste cuando pensaste en mí?". La situación de un cuestionamiento como este es que va a estirar todo su sistema de creencias. Le estoy desafiando en este momento a empezar a tener conversaciones con Dios. Para algunos, esto es algo ilógico: "¿Cómo creer que en mí hay algo tan importante que Dios pensó para llevarme a algo en particular?".

MENTIRAS QUE SE CONVIRTIERON EN VERDAD

Usualmente planteo esta pregunta en mis conferencias: ¿Cuántos pueden ser honestos y decir "mi vida ha estado gobernada, en algunas áreas, por mentiras"? Las personas que contestan de forma negativa, posiblemente no han tenido conversaciones profundas con Dios y están bajo un gobierno falso. Lo único que se necesita para que el plan del enemigo se active en contra de una persona es el ser concebido. Muchos han tenido que empezar a pelear contra Satanás aun desde el vientre de sus madres.

Tengo el honor de trabajar junto a uno de mis buenos amigos, el pastor Douglas Membreno. Él es una persona muy especial, y siempre está rodeado de gente por su personalidad atractiva. Sin embargo, no siempre fue así. Alguna vez me narró cómo, por muchos años, fue una persona bastante tímida y retraída, y aunque trataba de hallar una razón del porqué de su comportamiento, no la encontraba. Con el tiempo se dio cuenta que, más que ser retraído o tímido, en verdad sufría de rechazo.

Al empezar a indagar con su familia si sabían si él habría sufrido de algún evento traumático o cierta situación que fuera la raíz del rechazo, conoció la verdad sobre lo que lo había mantenido atado toda su vida. Por diversas situaciones que su familia enfrentó, pensaron en la posibilidad de que él no naciera y el embarazo fuera interrumpido. Ese día Douglas encontró la respuesta

a sus sentimientos, sus reacciones y su rechazo. Nunca olvidaré
esa conversación. ¡Es impresionante poder ver a un ser humano
que, según los planes de Satanás, no está supuesto a existir! Aquellos que conocen a este hombre saben que, junto con su esposa,
literalmente han tocado a miles de niños y jóvenes con su ministerio. Hoy día, cientos de niños y jóvenes que asisten cada fin de
semana a Presencia Viva son bendecidos y transformados por el
ministerio de la familia Membreno.

Escribiendo este libro recordé tantas historias que he compartido con Douglas y muchos momentos vividos. Uno de ellos fue
en los cayos de la Florida, lugar donde viajamos para realizar una
boda. Él la oficiaría y yo sería su traductor. Lo interesante de esta
boda es que la mujer a la que Douglas casaría ese día, había sido
su alumna muchos años antes en la iglesia infantil. Su familia se
había mudado a otro estado, y al pensar en quién podía casarla, a
pesar de haber transcurrido años, recordó a su pastor de la niñez.
Fue tanto el impacto que causó él en esta niña que al convertirse
en mujer no pensó en otra persona más para casarla sino en él.

No sé cuál haya sido su historia, pero, por favor, trate de no ser
dirigido o movido por las opiniones externas. No haga caso de los
gestos, ya sean a favor o en contra, de aquellos que le rodean; por
lo que le dijo fulano o mengano, o si le agradecieron o no. No
piense que "a mí nadie me reconoce", "nadie se da cuenta de lo que
estoy haciendo", "parece que lo que yo hago no tiene valor". ¿Sabe
algo? Su Padre celestial *todo* lo ve, *todo* lo sabe, *todo* lo conoce. Recuerde, usted es parte del plan de Dios para esta generación.

Mientras esperaba el avión
de México a Miami, estaba en
la sala de viajeros frecuentes y
empecé a hablar con una señora que me dijo: "¿Le puedo
hacer las uñas? Es una cor-

> No sé cuál haya sido su
> historia, pero, por favor, trate
> de no ser dirigido o movido
> por las opiniones externas.

tesía". Esa es una palabra que a mí me gusta, por lo que le dije que sí. Entonces le pregunté al Padre: *¿Para qué me tienes hablando aquí con ella?* Y entonces empecé a tener una conversación con la señora: "Cuéntame, ¿cómo es la gente que entra aquí?". Ella me respondió: "Bueno, señor, aquí hay diferentes tipos de personas. He conocido algunos que son muy amables, he conocido a otros que son muy arrogantes, he conocido personas bravas; todo tipo de gente pasa por este lugar, y pues nosotros simplemente tenemos que atenderlos". Entonces, le pregunté: "¿Cuál es el mayor recuerdo que tú tienes de una persona en este lugar?". "Bueno, fue agridulce, pero al final me sirvió", me respondió. "Cuéntame", la alenté. A lo que ella añadió: "Pues este fue un hombre que llegó, en determinado momento, y estaba allí en la recepción. A nosotros nos requieren que a cada cliente le pidamos la tarjeta para identificar que tiene los privilegios de poder entrar en la sala, ya que a algunos les dejan cortarse el cabello, hacerse las uñas, y otros servicios. Entonces le pedí al señor si me podía dejar ver su tarjeta, y abrió su billetera, me tiró como cinco tarjetas y me dijo que escogiera la que quisiera. Me quedé perpleja, por lo que le dije que me disculpara si lo había ofendido de alguna manera; que me perdonara pero simplemente cumplía con mi trabajo, y que necesitaba verificar que podía entrar en la sala y tener los beneficios. El señor entró, le corté el cabello y se fue".

Lo que me contó luego me estremeció: "Este señor regresó tiempo después y lo vi cambiado. No era la misma persona, se veía más amable. Lo recibí, y le estaba cortando el cabello cuando me preguntó: '¿Ve que no tengo mucho cabello en este lado de la cabeza?'. Le respondí: 'Sí, señor, vi que no tiene allí cabello'. Él me volvió a preguntar: '¿Sabe por qué?'. 'No sé, quizás algo hereditario, tal vez genético', respondí, tratando de darle alguna respuesta. Entonces, me dijo: 'No, es que me descubrieron que tengo cáncer'".

Increíble cómo esa circunstancia, al parecer, había afectado la vida de esta persona de tal forma que ya no trataba a los demás de manera tan hostil. La señora continuó diciéndome: "Señor, lo que yo aprendí de esa experiencia es que mi vida no puede estar gobernada por lo que otras personas hacen. El día que ese señor me tiró las tarjetas me deprimí, me sentía que no valía nada, mi día y mi semana fue gobernada por lo que sucedió en ese momento. Tuvo que pasar meses para que yo comprendiera que quizás fuera posible que ese día, ese señor se haya enterado de que tenía cáncer, no lo sé".

El punto es que usted y yo, muchas veces, permitimos que un comentario, una crítica, lo que alguien hizo o dejó de hacer gobierne nuestra vida, y por esa razón necesitamos afirmarnos en nuestra identidad como hijos de Dios. Yo no le estoy diciendo con esto que se vuelva inmune a los comentarios o a las ofensas, pero al menos le sugiero que se tome un "baño" de aceite para que algunos comentarios le resbalen y no se queden en su mente. Son muchas las personas que he conocido que se han creído ciertas mentiras por décadas, y sus vidas han estado gobernadas por una declaración o un comentario. ¡Es impresionante el poder que tiene una palabra sobre la vida de las personas!

Si usted asiste a una iglesia cristiana es posible que, en algún momento, haya cantado una canción que se llama: "Al que está sentado en el trono". Esta canción fue compuesta por un ministro amigo llamado Lucas Conslie. Ha sido traducida a muchos idiomas, y en español ha ministrado la vida

> Muchas veces, permitimos que un comentario, una crítica, lo que alguien hizo o dejó de hacer gobierne nuestra vida, y por esa razón necesitamos afirmarnos en nuestra identidad como hijos de Dios.

de millones de personas, especialmente una versión interpretada por el ministerio *Toma tu lugar*, del cual Lucas forma parte. Lo interesante de esta historia es que esta canción no era nada que valiera la pena para Lucas por mucho tiempo. El había escrito esta canción hace muchos años, pero su vida era gobernada por una declaración de un familiar en su infancia. Un día le pidieron traer algo del segundo piso de su casa, y al bajar por las escaleras se le cayó. En ese momento le dijeron: "Tú no sirves ni para un remedio". Esa declaración gobernó su vida de ahí en adelante. Las canciones que Dios le daba no tenían ningún significado para él. Sin embargo, un día alguien le escuchó cantar esta canción y le pidió que la cantara de nuevo. Él no deseaba hacerlo, realmente creía que no servía para nada. Luego de cantarla, esta persona le dijo: "Es impresionante; eso fue inspirado por Dios". Lo que pasó después con esta canción ya es historia.

Todos requerimos intercambiar las mentiras por la verdad de Dios para nuestra vida. Eso fue lo que le sucedió a Lucas al recibir palabras nuevas de su amigo. Ellas hicieron que una verdad de Dios naciera dentro de él, a la vez que una mentira muriera. Recuerde, Dios tuvo un pensamiento, y por esa razón Él le creó. Hay algo que solamente usted puede hacer en el planeta tierra.

Mientras avanzamos en este proceso de descubrir su propósito, permita que su valor como ser humano, una obra perfecta de Dios, crezca. Celebre lo que Dios le ha dado, aun hasta lo que Dios le ha entregado "a los del lado". Esa es otra situación que sucede; empezamos a ver que alguien empieza a progresar, que comienza a irle bien, y como no tenemos claro a qué nos llamó Dios, nos llenamos de envidia con el otro. Son muchas las personas que se convierten en copias malas de gente famosa, porque no son genuinas, no valoran lo que Dios les ha entregado a ellos.

> **Todos requerimos intercambiar las mentiras por la verdad de Dios para nuestra vida.**

Un día estábamos con mi familia en un crucero por las Bahamas. Al bajar al puerto encontramos un mercado con una gran variedad de mercancías. Me llamó la atención un lugar donde había una gran cantidad de carteras, por lo que me acerqué a mirar por qué se parecían a la marca Coach, que a mi esposa le gusta. Al tomar la primera cartera en mis manos, me di cuenta que la marca era "Cauch". En verdad era una copia mala de algo bueno; de lejos parecía que era original, pero al verla de cerca ya no lo era. Es posible que muchos de nosotros nos estemos comportando de esa manera.

Todo está dentro de su interior

Todo aquello para lo cual Dios le diseñó ya está dentro de usted. El problema es que cuando eso no lo tenemos claro, estaremos mirando a los demás, en vez de mirar hacia dentro de nosotros mismos. Solo así podremos declarar como David: "¡Te alabo porque soy una creación admirable! ¡Tus obras son maravillosas, y esto lo sé muy bien!" (Salmo 139:14).

Hubo un hombre que sufrió una situación similar a la que muchos de nosotros sufrimos. Ese hombre se llamó Moisés. Fue un hombre hebreo que tuvo que crecer en el palacio de Faraón, en Egipto. Sin embargo, llegó un momento cuando se enteró que era un hebreo. Vio a un egipcio que estaba maltratando a un hebreo y esto le causó algo tan fuerte dentro de sí, que dice la Biblia, que lo empezó a golpear, hasta que mató al egipcio y lo enterró. Yo me imagino que él pensaba: *Bueno, aquí se acabaron los problemas; ya hice lo que tenía que hacer. Este hombre estaba oprimiendo al hebreo, así que ya le hice justicia.* Sin embargo, al día siguiente sucedió algo. Esta vez se encontró con dos hebreos que estaban peleando. Entonces les dice que no hagan eso, y uno de ellos le contesta: "¿Qué vas a hacer? ¿Me vas a matar como mataste al egipcio ayer?". Moisés se llenó de temor, porque ya se sabía lo que él había hecho. Así que salió huyendo y permaneció cuarenta años en el desierto pastoreando ovejas.

Pasado un tiempo, mientras Moisés realizaba su trabajo de pastorear ovejas, tuvo un encuentro con Dios. De repente, ve un árbol que se está quemando pero no se consumía, y esto le causa

> **Todo aquello para lo cual Dios le diseñó ya está dentro de usted.**

curiosidad. Moisés se aproxima para ver, y Dios le deja saber que ese es un lugar santo. También le dice que ha escuchado el clamor de su pueblo (en esclavitud por cuatrocientos años), y que lo ha escogido para que él lo libere (ver Éxodo 3:1–10).

> "El clamor de los hijos de Israel ha llegado a mi presencia, y he visto además la opresión con que los egipcios los oprimen. Por lo tanto, ven ahora, que voy a enviarte al faraón para que saques de Egipto a mi pueblo, a los hijos de Israel".
> —Éxodo 3:9–10, rvc

Es aquí donde empieza un proceso en el cual Moisés le da todas las excusas a Dios. Básicamente le dice: "Creo que te equivocaste, yo no soy la persona correcta"; "Yo no sé hablar, ¿y si voy y no me creen?". Todo el resto de este capítulo, Moisés está dando excusas y argumentando con Dios, hasta que llegamos al capítulo 4, donde Moisés le pregunta:

> "¿Y qué hago si no me creen ni me hacen caso? ¿Qué hago si me dicen: 'El Señor no se te ha aparecido'?".
> —Éxodo 4:1

Entendamos algo, no era sencillo. Ya habían transcurrido cuarenta años en el exilio, y ahora Dios le estaba mandando a enfrentar a la nación más poderosa de ese tiempo, y a un rey el cual la gente pensaba de veras que era un dios. Sin embargo, Dios le dijo: "Ve y habla con el faraón y dile que deje ir a mi pueblo" (paráfrasis del autor).

¿Encontró algo curioso en estos dos eventos que le acabo de describir? Primero, Moisés mata a un egipcio para liberar a un hebreo de la opresión que vive y cuarenta años después Dios le dice: "He visto la opresión que Egipto hace sobre mi pueblo y quiero que vayas a liberarlos". Lo que quiero resaltar es que el propósito de Dios para Moisés estuvo desde siempre en su interior, pero él se equivocó en la manera y el tiempo de llevarlo a cabo, no estaba preparado para cumplir con la asignación de Dios para su vida en ese momento, había un periodo de formación de cuarenta años que debían transcurrir y un encuentro personal con Dios que le capacitaría para llevar a cabo una tarea de esa dimensión. ¿Sabe algo? A José le sucedió lo mismo al anunciar sus sueños y cómo su familia se inclinaría ante él antes de tiempo, faltaban trece años de desprecio, soledad, injusticia y cárcel que harían parte de la escuela de formación de Dios para su vida. Jesús mismo fue reprendido por su madre al tratar de iniciar su ministerio a los doce años, el mismo Salvador tuvo que crecer y estar bajo la autoridad de sus padres hasta el tiempo señalado por Dios. El tiempo es una maestro poderoso en la escuela de formación de Dios.

UNA PREGUNTA PODEROSA

En el encuentro que vengo narrando, Dios hace una pregunta poderosa. Mientras que Moisés le está cuestionando: "¿Qué hago?; no puedo, ¿y si me rechazan?", entonces viene una pregunta de esas que Dios hace que son algo fuera de tiempo o enfoque, un tanto loca o ilógica:

> "¿Qué tienes en la mano? —preguntó el SEÑOR.
> —Una vara —respondió Moisés".
>
> —ÉXODO 4:2

Moisés podría haber pensado: *Bueno, tú dices que todo lo sabes, que eres el Dios Todopoderoso, en un eterno presente, y ¿me estás preguntando qué tengo en la mano? ¿Tienes problemas de visión? ¿Sabe algo?* Esa pregunta no era porque Dios no supiera lo que él tenía, era porque Moisés no lo sabía. En muchas ocasiones, Dios nos tiene que preguntar varias veces "¿qué tienes?" para que sepamos o estemos conscientes de lo que Él nos ha entregado.

Dios le pregunta a Moisés: "¿Qué tienes en la mano?". Y él responde: "Una vara". ¿De qué le estoy hablando? De algo con lo que Moisés estuvo acostumbrado por cuarenta años en el desierto, y que para él era un pedazo de madera con el que llevaba a cabo su trabajo. Era algo que quizás no tenía mucho valor, algo de lo que quizás decía: "Si se me pierde este, consigo otro palo". Por eso es que Dios le pregunta: "¿Qué tienes en la mano, Moisés?". En realidad, creo que Dios estaba implicando con la pregunta: "Mira lo que ya te he dado", a lo que Moisés responde: "Una vara". Ante su respuesta, Dios le ordena que la tire al suelo. Moisés obedeció y la vara se convirtió en una serpiente, por lo que él trató de huir de ella (ver v. 3).

¿Sabe algo? Aquello que Dios puso en su interior es maravilloso, y cuando se rinde ante sus pies se convierte en algo aún más grandioso. Lamentablemente, muchas veces, como Moisés, tenemos cosas que pensamos son comunes, las cuales no valoramos, pero que Dios nos las ha entregado para hacer portentos. Es interesante que desde ese momento, esta vara que se había conocido como la vara de Moisés, la Biblia la llama la vara de Dios. No sé exactamente cuál es su "vara", pero es posible que ahora usted lo empiece a ver. Posiblemente sea su voz, su imaginación, su capacidad de diseñar, memorizar, cuidar a personas, enseñar, cómo puede correr o jugar algún deporte, etc.

Así como le habló a Moisés, hoy Dios le empieza a decir: "Voy a hacer cosas grandiosas y poderosas contigo; te he entregado naciones". Créame, yo mismo luché con este tipo de situaciones. En el pasado, Dios me decía cosas similares a las que le dijo a Moisés. Me decía que me iba a llevar delante de reyes y gobernantes. Era difícil de imaginarlo y mucho más creerlo. No obstante, en el 2015, Dios hizo realidad una de esas palabras que Él me había prometido. Al finalizar un seminario sobre administración financiera en el Senado de la República de Colombia, Él me sorprendió. En un momento dado, me llamaron a la silla del

> **Aquello que Dios puso en su interior es maravilloso, y cuando se rinde ante sus pies se convierte en algo aún más grandioso.**

Presidente del Senado y me otorgaron una de las condecoraciones más altas que un ciudadano pueda recibir de parte del gobierno. ¿Cuándo me iba a imaginar yo que estaría orando en la silla del Presidente del Congreso de mi nación? ¿Cuándo iba a imaginar que mi Padre utilizaría uno de los dones que me había dado para honrarme, y que su nombre fuera exaltado?

> "El don del hombre le ensancha el camino, y le lleva delante de los grandes".
> —Proverbios 18:16, jbs

Cuando usted le rinde sus dones, talentos y habilidades a Dios, aquello que era común para usted, aquello de lo cual usted dice "esto todo el mundo lo hace, seguramente todo el mundo es igual de bueno a mí", Dios lo hace grandioso. Por esa razón, hoy le pregunta: "¿Qué te he dado? ¿Qué ya tienes?". Aquello que ha estado con usted por tanto tiempo y no ha valorado, Dios está por convertirlo en algo grandioso. Tan solo ríndaselo, tírelo ante Él.

La vara de Moisés se convierte en la vara de Dios

Lo curioso es que a partir de aquel momento, aquello que había sido tan normal para Moisés, se convertiría en un instrumento poderoso, por medio del cual Dios empezaría a hacer cosas muy diferentes. "Moisés extiende la vara al cielo", Moisés extendió la vara y cayó granizo. "Moisés levanta la vara", y vinieron langostas sobre Egipto. Más adelante, en Éxodo 14, Moisés llega con todo el pueblo israelita delante del mar. Mira hacia atrás y ve a un ejército deseoso de venganza, que quiere acabar con ellos porque habían salido de Egipto. Mira al frente y se encuentra con el océano, a un lado y al otro está el desierto. ¡Qué tremendo!

Moisés entonces empieza allí a clamar a Dios.

"Pero el SEÑOR le dijo a Moisés: "¿Por qué clamas a mí?
¡Ordena a los israelitas que se pongan en marcha! Y tú,
levanta tu vara, extiende tu brazo sobre el mar y divide las
aguas, para que los israelitas lo crucen sobre terreno seco".
—ÉXODO 14:15–16

En otras palabras, Dios le dijo: "Deja de orar. ¿Por qué clamas
a mí? Dile al pueblo de Israel que marche", esas órdenes locas de
Dios. "Señor, pero ¿por dónde vamos a marchar?", me imagino
a Moisés. "Extiende la vara". Dice la Biblia que él la extendió y
nuevamente esa vara es usada por Dios para abrir el mar. Esa es
la misma vara que, en determinado momento, golpea la piedra y
de ella, cerca de tres millones de personas, toman agua. Eso que
había sido común para él y que estaba, permítame decirlo de esta
manera, dentro de él por tantos años, al ser identificado, reconocido y rendido delante de Dios, se convierte en uno de los instrumentos más poderosos en la historia de la humanidad.

¿Pudiera creer que todo eso está dentro de usted? ¿Pudiera
creer que hoy el Padre celestial tiene un arbusto que no se está
consumiendo, que causa de alguna manera su atención? ¿Qué
sucedería si se acerca a ese arbusto hoy? Quizás puede ser que, por
medio de este libro, Dios, su Padre, le empiece a preguntar:
"¿Dónde está ese llamado que
te di? ¿Has visto lo que te apasiona? ¿Reconoces lo que te
duele y quieres cambiar?
¿Comprendes por qué quieres
sanar esto otro? ¿Sabes ahora
por qué quieres transformar esta área de la sociedad?". Y muchas
otras preguntas como estas.

> "No es un error, es la mejor idea
> de Dios para crear, sanar, empezar,
> mejorar, diseñar, hacer nacer
> o acabar algo en la tierra".

Hoy le declaro: "No es un error, es la mejor idea de Dios para
crear, sanar, empezar, mejorar, diseñar, hacer nacer o acabar algo
en la tierra".

Capítulo 4

EL PROPÓSITO
DETERMINA EL DISEÑO

"Fuiste equipado con todo lo necesario para que
desarrolles la asignación de Dios en la tierra".
—EDWIN CASTRO

L A SILLA DONDE usted se sienta, el vehículo que maneja, el teléfono por el cual habla, los lentes que luce, absolutamente, todas las cosas fueron diseñadas para cumplir con un propósito. En otras palabras, fueron diseñadas para solucionar una situación, para mejorar algo, para interrumpir algo, y así sucesivamente. ¿Qué le hace pensar que no sucedió lo mismo con usted? Sus particularidades, sus dones, sus talentos, su temperamento, lo que le gusta, lo que no le gusta, lo que le hace sufrir, aquellas cosas por las cuales dice: "Alguien debería hacer algo para acabar con esta situación"; todo esto lo puso Dios en su interior desde la concepción, para que conformen el ser único, excepcional y sinigual que usted es hoy.

Mientras escribo este libro, siento que Dios me dice algo: "De la misma manera que este libro es una creación tuya, es una extensión tuya, algo que te pertenece, algo que trajiste a existencia, así eres tú para mí". Recuerdo cuánto pensaba en escribir este libro, cómo la gente me insistía: ¡escríbelo! Al terminar las conferencias, siempre surgía la pregunta: "¿Estará esto escrito en algún lugar?". Fue así como me empecé a "embarazar" de este proyecto. Me acuerdo que me decía: "Quiero que sea así, quiero que cumpla con este propósito, quiero que cause esto o aquello en la gente".

Ahora Dios me dice: "Lo mismo sucedió con cada uno de mis hijos". Este libro es una obra única que tiene un autor. De igual manera, usted es una obra única que tiene un autor; Dios pensó en usted y escribió cada uno de los capítulos de su vida. Esas cosas, muchas veces, no las comprendemos, pero necesitamos entender que el propósito determina el diseño.

Transcurría el 1999, mientras me desempeñaba como gerente general de una compañía en Colombia. Vendíamos productos electrodomésticos nacionalmente, y teníamos una política de garantía muy clara. La llamábamos "cambio mano a mano". Nuestra premisa era: si algún producto le sale mal, si algo no le funciona bien, se lo vamos a cambiar por uno nuevo sin preguntas.

> **Usted es una obra única que tiene un autor; Dios pensó en usted y escribió cada uno de los capítulos de su vida.**

Todo funcionaba bien, pero hubo una historia muy graciosa que ocurrió con una clienta y que deseo compartir. Un día vino el gerente de servicio al cliente y me dijo: "Tengo una situación con una señora que ya ha venido a cambiar un producto tres veces". Le pregunté: "¿Qué producto es?". Era una máquina eléctrica para cortar cabello. Aunque algo extraño, porque ya habíamos vendido miles de unidades de este producto sin ningún problema de calidad, sin embargo, esta señora ya había traído tres máquinas para ser reemplazadas. Al hablar con la señora, le dijimos: "Este es el tercer producto que usted devuelve; me dice el gerente que no le está funcionando". Entonces, ella respondió: "Así es, no funciona". "¿Cuál es el problema que tiene?", inquirimos para saber. Ella nos dice: "Pues la máquina enciende bien, pero cuando trato de cortar el pelo de mi perro se traba, ¡y deja de funcionar!". En ese momento entendimos la razón de los tres cambios que habíamos hecho. A continuación, le explicamos a la clienta: "Señora, este es un producto que no puede ser utilizado con animales. Está diseñado para cortar el cabello de humanos". Por esta razón, las máquinas se habían dañado, ya que nunca fueron diseñadas teniendo en mente a los animales. Recuerde, el propósito determina el diseño. Si estas máquinas hubieran sido diseñadas con los animales en mente, seguramente tendría unas cuchillas diferentes o un motor más poderoso, y el empaque diría

> Cuando trabajamos fuera del diseño original de Dios para nuestras vidas, no vamos a funcionar.

para uso con animales. En esencia, su diseño sería totalmente diferente.

¿Qué aprendemos de esta graciosa historia? Cuando trabajamos fuera del diseño original de Dios para nuestras vidas, no vamos a funcionar. Debemos comprender que hasta la más pequeña característica, aquello que usted piensa que es tonto, que no es importante, fue pensado por Dios con un propósito especí-

> Usted es un regalo de Dios único para la humanidad.

fico para que usted pueda cumplir esa asignación para la cual Él le creó.

El apóstol Pedro nos recuerda:

> "Según cada uno ha recibido un don especial úselo sirviéndoos los unos a los otros como buenos administradores de la multiforme gracia de Dios".
> —1 Pedro 4:10, lbla

Otra versión de la Biblia dice:

> "Cada uno de ustedes ha recibido de Dios alguna capacidad especial, úsela bien en el servicio a los demás".
> —1 Pedro 4:10, tla

Sepa que usted es un regalo de Dios único para la humanidad.

¿CÓMO SE VE?

Muchas personas pueden enfrentar molestia o incomodidad al escuchar una declaración como la que acaba de leer. Algunos pueden pensar: *Eso está como muy grande para mí, ¿yo soy un regalo? ¡Ay! es que yo como soy…muy bajito…muy grande; que soy esto o aquello; es que no me gusta esto o aquello.* Cuando se presenta ese tipo de conversaciones en su mente, básicamente le está diciendo a Dios: "¡Te equivocaste!". No es otra cosa que la criatura diciéndole al Creador: "Hiciste algo mal, no lo hiciste de la manera correcta".

Si pudiéramos abrazar y tener la certeza de que somos únicos, somos una creación especial de Dios, no sería algo inalcanzable encontrar el propósito.

Recuerde lo que Dios dijo en Génesis:

> "Hagamos al hombre conforme a nuestra imagen, conforme a nuestra semejanza…".
> —GÉNESIS 1:26ª, LBLA

Ese versículo debería asegurarle y dejarle saber la grandiosa creación que usted es.

¿Recuerda la historia de David? Él tenía claro su valor en Dios, y de alguna manera, al leer sobre su vida, yo quisiera que usted abrazara esa verdad para sí mismo. Le pido que abrace esta verdad y no abrace el rechazo; abrace su identidad de hijo y no abrace el abandono; abrace el amor incondicional de Dios y no abrace la violencia que ha sobrevenido a su vida.

> **La meta es abrazar la paternidad de Dios y entender el valor que tenemos en Jesús.**

> "Tú creaste mis entrañas; me formaste en el vientre de mi madre. ¡Te alabo porque soy una creación admirable! ¡Tus obras son maravillosas, y esto lo sé muy bien!".
> —SALMO 139:13–14

Este no es un libro de superación personal; el punto tampoco es que ahora repita: "Soy bello, soy único, soy grande, soy lo mejor que ha existido", no. Eso es muy poco trascendental. La meta es abrazar la paternidad de Dios y entender el valor que tenemos en Jesús. Recuerde, le estoy hablando de su identidad, de un ADN real que posee. Cuando hablo de "real" me refiero a la realeza de su Dios. Su Padre es un Rey, y usted forma parte del linaje escogido, pertenece al pueblo adquirido por Dios.

La Biblia declara:

> "Pues somos la obra maestra de Dios. Él nos creó de nuevo en Cristo Jesús, a fin de que hagamos las cosas buenas que preparó para nosotros tiempo atrás".
> —EFESIOS 2:10, NTV

Este es uno de los versículos que usted necesita internalizar. Debe decirle a Dios: "Padre, necesito que limpies mi mente de todas las mentiras que he tenido guardadas allí". ¿Sabe cuál es el problema? Que en su cabeza se han construido murallas. Usted ha llegado a conclusiones que son mentiras, pero las ha considerado su realidad, su verdad. Ha abrazado la mentalidad de un siervo y no la de un hijo.

> **Mientras una persona no tenga clara su identidad, va a dejar de hacer cosas porque piensa que le rebajan.**

Mientras una persona no tenga clara su identidad, va a dejar de hacer cosas porque piensa que le rebajan. Uno de los versículos más hermosos en la Biblia se encuentra en el Evangelio de Juan:

> "Jesús, sabiendo que el Padre había puesto todas las cosas en sus manos, y que de Dios había salido y a Dios volvía, se levantó de la cena y se quitó su manto, y tomando una toalla, se la ciñó. Luego echó agua en una vasija, y comenzó a lavar los pies de los discípulos y a secárselos con la toalla que tenía ceñida".
> —JUAN 13:3–5, LBLA

Jesús conocía su origen, Él conocía quién era la fuente de su vida, Él conocía que era Hijo y que Dios era su Padre. Además, sabía a dónde volvía, es decir, entendía que su fin estaba en el mismo Padre celestial. Entonces, se levantó y se quitó el manto, es decir, que se despojó en ese momento de la autoridad, la realeza, todo lo que dejaba ver en Él que era el Señor, para tomar una toalla, arrodillarse y empezar a lavarle los pies a sus discípulos.

Cuando usted tiene claridad de dónde proviene y a dónde va, no va a tener problema cuando le digan: "No sirves para nada", porque ahora usted sabe que sirve para algo. O si le dicen: "Es que nunca va a salir adelante", usted sabe lo que su Padre le ha dicho.

En una oportunidad hablaba con una persona que estaba viviendo un proceso de transición, y yo le decía: "Vas a tener que tomar decisiones para salir de esa transición". A lo que me respondía: "No, voy a esperar a que todo se calme, voy a esperar a que la otra persona me deje saber de alguna manera que todo está bien". Yo le insistía que estaba en lo incorrecto. ¿Cómo sabría si esa persona se iba a demorar dos años, tres años, cinco años para hablar? Usted no puede esperar el momento correcto, confiando en la otra persona. Muchos de nosotros hemos estado en puestos de trabajo, en relaciones, en áreas de nuestra vida, esperando a que otro decida por nosotros. Es el tiempo en el que diga: "Yo soy una creación perfecta de Dios, y necesito amarme primeramente a mí, porque es lo que la Biblia dice, y entonces tomaré las decisiones".

Cuando le pregunto a la gente, cuál fue el mandamiento más grande que Jesús dijo, rápidamente me dicen: "Amar a Dios sobre todas las cosas"; ¿y cuál fue el segundo? "Amar al prójimo como a sí mismo". Entonces les pregunto: "Muy bien, ¿quién entonces debe ser nuestro enfoque de amor sobre todas las cosas?". Me dicen: "Dios"; ¿y el segundo? "El prójimo". Les contesto: "Mal". En ese momento, utilizo una parábola contemporánea: Les hablo de las azafatas. ¿Qué es lo que dicen las azafatas, antes de empezar un vuelo? "En caso de despresurización, una máscara de oxígeno caerá del compartimiento superior; primero, póngasela usted, y después atienda al otro".

Jesús dijo: "Ama al Señor tu Dios con todas tus fuerzas, con todo tu corazón, con toda tu alma; y ama a los demás como a ti mismo" (paráfrasis del autor; ver Lucas 10:27). Entonces, después de amar a Dios, ¿a quién se tiene que amar primero para poder amar a los demás? A uno mismo. Este es uno de los mandamientos más quebrantados en la Iglesia de hoy. Debemos amar nuestro diseño, nuestras características, porque fueron pensadas por Dios. Le recuerdo, el diseño está determinado por el propósito.

Piense por un momento en un juego de herramientas que tiene martillos de todos los tamaños y para todos los usos. Todos sabemos que los martillos sirven para martillar. Sin embargo, muchas veces nos comparamos con los demás. Imagine ahora que es un martillo y que se encuentra con una persona que tiene la misma asignación que usted: martillar. Es posible que empiece a compararse: "Ay, mire aquel es más grande"; "aquel saca puntillas y yo no"; "este otro es de goma"; "este es más grande que yo". Estoy seguro que muchas veces se ha encontrado deseando, por no decir envidiando, lo que otros tienen, y no celebrando lo que le ha sido entregado. Muchas veces, nos encontramos utilizando nuestros dones y habilidades para hacer cosas que Dios no nos mandó hacer. Por eso es tan importante que comprendamos el propósito que Dios tiene para nosotros, que es único.

> **Debemos amar nuestro diseño, nuestras características, porque fueron pensadas por Dios.**

Quizás podemos encontrarnos haciendo lo siguiente: Imagine que tenemos una puntilla y la idea es clavarla en la madera. ¿Qué tenemos que utilizar? El martillo. ¿Sencillo, verdad? Pero ¿qué pasaría si usamos un vaso para clavar? Por supuesto, estamos utilizando herramientas para las que no fueron diseñadas. En su caso, se puede encontrar haciendo cosas para las que no sirve, no es bueno, o Dios no le mandó hacer; y Él le está gritando: "¡Ese no es tu propósito, no te diseñé para eso! ¡Cumple aquella función para la cual yo te diseñé!".

¿Qué sucede cuando está haciendo las cosas que Dios no le mandó hacer? Piense en el vaso que sirve para contener un líquido o beber de él, pero se usa para clavar la puntilla. ¿Qué sucede? Se quiebra. Es posible que muchas personas se encuentren en esta condición. Y es ahí cuando más entra en actividad la gracia de Dios. Él ya sabía que haríamos estas cosas, e incluso creó seres humanos que pueden ser usados para restaurar a estas personas. Dios es perfecto, pero no le quiere ver así. Él no desea que usted viva quebrantado. Un vaso roto no es un objeto con el cual se pueda tomar agua. Al operar fuera del diseño de Dios para su vida, se va a encontrar en una situación similar, y no es lo que Dios anhela para usted.

> Jesús conocía su origen, Él conocía quién era la fuente de su vida, Él conocía que era Hijo y que Dios era su Padre.

"LO QUE USTED DIGA, PASTOR"

Cuando Dios me da el privilegio de visitar congregaciones, gran parte de mi tiempo lo ocupo en conversaciones con el pastor principal, su esposa y el equipo de liderazgo. Uno de mis objetivos principales es indagar si la gente está trabajando en el área en la cual está supuesto a estar. Usted se sorprendería si le contara los casos que he tratado.

Uno de los mayores problemas que veo en los ministerios es que las personas son promovidas o puestas en posiciones por su fidelidad, pero no por su llamado. Es decir, en algún momento, el pastor ve a una persona que ama a Dios, tiene el tiempo, la disposición y la actitud para servir, y entonces le dice: "Fulano, tenemos una oportunidad para que alguien se encargue de 'x' posición. Hemos visto tu amor por Dios, tu fidelidad y pensamos que eres la persona correcta para estar a cargo". Cuando una persona no sabe cuál es su propósito, ¿qué va a contestar? "Lo que usted diga, pastor".

¿Cuál es el problema con una situación como esta? Que en la gran mayoría de los casos, tenemos a gente bella sirviendo en los ministerios, pero con una profunda inconformidad, con un vacío que tratan de llenar con excusas que son alimentadas por el hecho de estar sirviendo a Dios.

> **Uno de los mayores problemas que veo en los ministerios es que las personas son promovidas o puestas en posiciones por su fidelidad, pero no por su llamado.**

Una de las causas fundamentales por las que ocurren estas situaciones es por el hecho de que el pastor principal no sabe reconocer la temporada que está viviendo su ministerio. Me explico, todo ministerio, congregación o negocio vive una primera etapa en su desarrollo que es la de sobrevivir; es decir, el único objetivo que tiene la organización en esa primera etapa es: no morir.

¿Alguna vez ha visto una película donde hay heridos en una catástrofe o en un accidente? ¿Se ha dado cuenta cómo la persona que está atendiendo al herido no se preocupa por tomar el paño más limpio o esterilizado para hacer un torniquete? Usualmente la persona rompe una camisa sucia, toma un cinturón, una cuerda, cualquier cosa, aunque no esté aseada. ¿Por qué no le importa? Porque lo que está tratando de alcanzar es que la persona no muera. Por esta razón, si el instrumento no es el más adecuado, no importa, lo que

> **Todo ministerio, congregación o negocio vive una primera etapa en su desarrollo que es la de sobrevivir.**

busca es que sirva por un momento e impedir la muerte. En las organizaciones que están empezando, muchas veces sucede lo mismo. No hay recursos para contratar a personas capacitadas o simplemente no hay más gente con la que se pueda contar. Entonces ¿qué se hace? Echamos mano de lo primero que encontramos, porque no queremos morir.

Hay dos etapas adicionales que viven las organizaciones: *estructuración* y *multiplicación*. En la segunda etapa es cuando se empieza a estructurar correctamente la organización. Es ahí donde se empieza a poner a cada quién donde debe ir; se generan descripciones de cargo, procedimientos, manuales de función, etc. En muchos casos, estos procesos son difíciles y dolorosos, porque la gente se puede sentir dejada de lado o no tenida en cuenta.

Sam Chand, en su libro, *¿Quién sostiene tu escalera?*, dice que posiblemente las personas que te acompañaron por cierto tiempo en tu organización no sean las mismas que te van a llevar al siguiente nivel.[1] Este proceso es doloroso, mucho más en el ámbito cristiano. Me he reunido con pastores que no han despedido a una persona que fue contratada años atrás y no sirve para el trabajo, porque es muy cercana, porque es familiar de alguien conocido, porque ha estado desde el inicio o por muchas otras excusas.

Cuando terminamos esa primera etapa de "sobrevivir" en Presencia Viva, tomé una de las mejores decisiones como director: realizar entrevistas a todo el liderazgo. Lo que encontramos fue fundamentalmente una muestra muy parecida a lo que acabo de describir. Muchas personas estaban haciendo cosas porque sencillamente en el pasado no había más manos para hacerlo. Este fue un bello proceso donde tratamos de reubicar a cada persona en el área adecuada para que no estuviera sirviendo fuera del propósito para el cual Dios la creó.

Todo pastor sabe que en los inicios nadie o muy poca gente quiere estar con los niños. Por otro lado, hay muchos que quieren estar en la alabanza, pero lamentablemente la voz o el oído no les ayuda. Sin embargo, como no hay nadie más, pues bienvenido seas. El problema se genera cuando Dios empieza a traer la gente adecuada y los primeros se aferran a lo que les fue entregado. Es en ese momento cuando empiezan comentarios como: "esto ya no es lo mismo", "antes éramos como una familia", "todos nos conocíamos, salíamos a comer juntos", etc. Si usted está enfrentando esta situación, la primera etapa está llegando a su fin.

En los negocios sucede lo mismo. Uno de los errores más comunes que encuentro es cuando un presidente o director de una compañía quiere "premiar" al mejor vendedor de la organización, y le da un ascenso o promoción como gerente de ventas. Ahora, quien era el mejor vendedor se convierte en un gerente mediocre. ¿Por qué? Porque a este vendedor le apasionan los clientes, no el papeleo; desea estar en la calle, no en una oficina; quiere hacer ventas, no presupuestos. La mejor imagen que le puedo dar es una triste que en el pasado veíamos en los circos donde encontrábamos grandes felinos encerrados en pequeñas jaulas. Ellos estaban fuera del diseño original. En los negocios y ministerios tenemos a muchas personas funcionando de la misma manera.

Por eso, deberíamos hacer énfasis en la pregunta: "¿Qué pensaste cuando pensaste en mí?". Deberíamos indagar mu-

> **Dios vio un problema y lo creó a usted para solucionarlo.**

cho más en los dones, en los talentos, en las habilidades que Dios nos ha dado, ya que cada una de estas cosas no son accidentes. El lugar en donde nació, sus gustos, incluso, aquellas cosas que le molestan forman parte de su propósito. Dios vio un problema y lo creó a usted para solucionarlo, ¿cuál es? ¡Indáguelo! Y empiece a operar allí.

Dios vio alguna situación, problema, inconveniente, injusticia en la tierra y lo creó a usted, ¿para qué? Para sanar algo, para innovar, crear, interrumpir, acabar, construir, mejorar algo. Ese "algo" es lo que tenemos que investigar, para entonces encaminarnos y realizar esa labor para la cual Dios nos creó. Cada parte de usted, sus dones, sus talentos, sus capacidades, aquellas cosas que le causan lamento, que lo emocionan, lo energizan, forman parte de un plan maestro superior a usted mismo, el plan de Dios.

Capítulo 5

NO ES LO MISMO

*"El talento es natural, el don es sobrenatural y el propósito
es una asignación de vida que va más allá".*

—Edwin Castro

¿QUÉ NO ES lo mismo? El talento, el don y el propósito no son lo mismo. Es posible que esta sea una de las mayores confusiones que enfrentan las personas en el proceso de encontrar su propósito en la vida. Créame si le digo que son muchas las personas que he encontrado con grandes vacíos al respecto. La razón es sencilla: los talentos y los dones pueden llegar a ser fácilmente identificados; sin embargo, se requiere la búsqueda de Dios y dentro de uno mismo para identificar con claridad el propósito.

La mejor forma para empezar a desarrollar este tema es buscar directamente en el diccionario las definiciones. Desde allí empezaremos complementando la búsqueda con el diccionario bíblico para terminar con un par de ejemplos bíblicos que nos darán aun mayor claridad al respecto. Posiblemente algunas personas estén confundidas con respecto a su propósito y el funcionamiento del don o talentos en sus vidas.

> Los talentos y los dones pueden llegar a ser fácilmente identificados; sin embargo, se requiere la búsqueda de Dios y dentro de uno mismo para identificar con claridad el propósito.

EL TALENTO

Se conoce como *talento*, el conjunto de facultades, capacidades o habilidades que *posee* o *desarrolla* una persona para desempeñar cierta actividad y que, gracias al ejercicio de las mismas, es capaz de destacarse.

El talento se puede considerar como un potencial, por eso digo que puede desarrollarse. Es potencial en el sentido de que una persona posee características o aptitudes que al ser desarrolladas obtienen un estándar sobresaliente. De alguna manera, podría decir que el talento es una capacidad especial que cualquier ser humano tiene, bien sea desde su nacimiento o que puede ser desarrollada por su esfuerzo, persistencia y entrenamiento.

Cualquier pastor que ha fundado una iglesia puede entender fácilmente el ejemplo que compartiré a continuación. El inicio de todo equipo de alabanza en la iglesia está marcado usualmente por la presencia de personas que tienen buenas intenciones, pero poca capacidad (pueden existir excepciones, pero no las he conocido). Uno de los equipos más admirados en nuestra congregación es el de alabanza, pero puede estar totalmente seguro que un par de años atrás no era

> Una vez el talento es descubierto o encontrado, es responsabilidad del individuo desarrollarlo.

así. La gran mayoría de sus integrantes eran muchachos primerizos que tenían una gran pasión por Dios y la disposición, pero poca, muy poca práctica. La persistencia, la disciplina, el tiempo y el esfuerzo han hecho que hoy disfrutemos de momentos hermosos en la presencia de Dios, conducidos por este equipo. Esta situación no es diferente en los negocios o empresas, los inicios siempre van a ser similares.

Una pregunta interesante que surge es: ¿En dónde se enfoca el talento? ¿De quién está hablando el talento? De las personas. Probablemente, algunas personas han nacido con un talento especial o lo han desarrollado. Eso está bien, pero mi punto es que hasta este momento todo gira en función del ser humano, es decir, de su esfuerzo, su dedicación, su disciplina. Una vez el talento es descubierto o encontrado, es responsabilidad del individuo desarrollarlo.

Quiero recalcar esto: el talento está enfocado en la persona. Los grandes futbolistas, grandes deportistas, grandes empresarios, grandes músicos, todos tienen algo en común: lo que hacen en la intimidad se refleja en público. Un compañero del club de uno de los mejores futbolistas del mundo, hace poco comentaba cómo este atleta era el que primero llegaba a los entrenamientos y se quedaba solo practicando al finalizar la jornada. No me sorprende. Un dicho popular dice: "La práctica hace al maestro", y eso es una gran realidad.

EL DON

El diccionario dice que *don* se define como dádiva, presente o regalo.[1] Me gusta mucho la versión amplificada de la Biblia en inglés, porque dice que don es un regalo divino, es decir, que está hablando de algo que proviene de Dios, de algo que tiene que ver con una deidad (ver Romanos 11:29; 1 Corintios 12:4, AMP). En otras palabras, el don está enfocado en Dios, mientras que el talento se enfoca en la persona.

Por un lado, el talento es aquello que desarrollo con mi esfuerzo, con mi dedicación, algo que es humano; y por otro lado, el don nos está hablando de algo que es una dádiva divina, un regalo de Dios.

> El don está enfocado en Dios, mientras que el talento se enfoca en la persona.

Me gustan mucho cuando otras personas definen *don* como "una dotación milagrosa", o "una facultad milagrosa".

Es interesante entonces que podamos entender que el talento y el don son dos cosas totalmente diferentes y muchas veces lo confundimos.

Si vamos a la Biblia, el original de la palabra "don" en el griego, es la palabra *"carisma"*, y el diccionario bíblico dice que *carisma* es un derramamiento sobrenatural del poder de Dios para hacer algo.[2]

Espero que hasta aquí haya podido entender que hay una gran diferencia entre *don* y *talento*. En esencia, vuelvo a reiterar, que la diferencia entre *don* y *talento* consiste en el hecho de que el don es un regalo divino por el cual no trabajamos, mientras que el talento puede ser desarrollado, aprendido o ejercitado.

Cuando hablamos de algo sobrenatural, de algo divino, estamos hablando de un momento en el cual, por el uso y la función de ese don, se interrumpen las leyes naturales y hay un derramamiento del poder de Dios. Tomando nuevamente el ejemplo del equipo de alabanza de Presencia Viva, es claro que tenemos un equipo de gente talentosa. Sin embargo, mi anhelo no es tener tan solo músicos talentosos, sino que mi deseo es que Dios derrame de su gracia sobre ellos y los dote con dones para que tengamos acceso a lo sobrenatural en cada reunión.

Posiblemente ha tenido la oportunidad de ver shows como American Idol, America's Got Talent, Factor X, o cualquier tipo de programa donde personas con talento tienen una audición. Observará que hay momentos cuando algunos participantes empiezan a cantar y los jurados se emocionan al punto de llorar, ponerse en pie, abrazarlos y felicitarlos al final. Pero ¿sabe algo? Eso es lo máximo que puede hacer una persona talentosa, tocar emociones; no pasa de allí. ¿Qué es lo que pasa con eso? Que en el momento que se acabó el espectáculo, la gente siguió igual, nada cambió en ellos, tan solo fueron conmovidos, tocados en sus emociones, pero no existió un cambio permanente. ¿Algo malo con esto? Para un show de televisión, no hay absolutamente nada malo. El problema es cuando los equipos de alabanza causan lo mismo en la gente. Estamos supuestos a ser llevados a la presencia de Dios y ahí ser transformados por medio de la realidad del Espíritu que produce cambios permanentes, que trae convicción de pecado, arrepentimiento, etc. Esto solo se logra con personas que operan en su don, no en el talento.

Parece que estoy haciendo un énfasis mayor en el tema de los músicos, ¿verdad? ¿Por qué? Porque es una de las áreas más corrupta de la iglesia. Hoy por hoy en poco difieren los conciertos de cualquier artista con una presentación de un ministro cristiano. Gracias a Dios que hay esperanza, y un remanente de verdaderos adoradores se está levantando.

Pudiera también aplicar este principio a los negocios y al área en la cual se desenvuelve. Usted puede ser un líder en la sociedad talentoso, puede ser un maestro de escuela talentoso, un político talentoso, un doctor talentoso; ¿hay algo de malo con el talento? No, el problema es que, como hijos de Dios, no nos podemos conformar con simplemente estar operando en la parte natural. Hay regalos del Padre, dádivas, capacidades divinas que Él está dispuesto a darle a los que se las pidan.

"Ustedes, por su parte, ambicionen los mejores dones".
—1 CORINTIOS 12:31[b]

Alguien pudiera pararse a cantar, entonar melodías espectaculares que emocionan, y quizás algunos hasta lloren escuchándolo, pero su vida no es transformada. ¿Acaso no hay gente extremadamente talentosa

> Como hijos de Dios, no nos podemos conformar con simplemente estar operando en la parte natural.

cantando letras totalmente vulgares y satánicas que van en contra de la moral? Ellos también son muy talentosos. Podemos encontrar una persona que está tocando un instrumento y mueve sus emociones. Pero a la vez puede existir otra persona que está tocando el mismo instrumento o cantando la misma canción y, sin embargo, las personas empiezan a ser sanadas, el corazón empieza a tornarse en algo diferente. En momentos como estos, la gente empieza a decir: "No sé qué sucedió cuando escuché a esta persona cantar, no tan solo es lo que canta sino que hay algo que proyecta, que inspira, que viene de dentro de esa persona que causó que mi corazón fuese tornado"; "cosas que no quería rendirle a Dios, en tanto escuché a esa persona, algo pasó dentro de mí y ahora estoy dispuesto a rendirlas".

Seguramente, por esa razón Jesús dijo:

> "Pero la hora viene, y ahora es, cuando los verdaderos adoradores adorarán al Padre en espíritu y en verdad; porque ciertamente a los tales el Padre busca que le adoren".
>
> —JUAN 4:23, LBLA

¿Por qué la Biblia dice que hay verdaderos adoradores? Porque hay falsos, y esto también aplica a los negocios o al área en la cual se desarrolla. Por esa razón, le motivo a que no se quede tan solo en ser una persona talentosa, sino que sea de la gente que opera en los dones que Dios le ha regalado.

> **No se quede tan solo en ser una persona talentosa, sino que sea de la gente que opera en los dones que Dios le ha regalado.**

EL PROPÓSITO

Para efectos prácticos, voy a igualar la definición de *propósito* a un par de expresiones comunes en el ámbito eclesiástico y el general: "llamado" y "vocación", respectivamente. Por eso, trataré de ayudarle a definir aquello que usted está supuesto a hacer en la vida, o por decirlo de otra manera, con su vida.

No olvide que no nos debemos quedar solo en el ámbito del talento, sino que tenemos que ir al don para que podamos alcanzar el propósito.

> "Porque los dones y el llamamiento de Dios son irrevocables".
>
> —ROMANOS 11:29, LBLA

Tradicionalmente, cuando las personas leen este versículo, hay algo que se genera. Por alguna razón, unen los dos términos y es como si los igualaran, como si estuviera hablando de lo mismo, pero "no es lo mismo". Quiero invitarle a trazar una línea grande que divida las dos palabras: *dones* y *llamamiento*; o como lo dijimos: *dones* y *propósito*, *dones* y *vocación*. Ambos términos son totalmente diferentes, incluso en la Biblia, encontramos personas, desde mi punto de vista, confundidas al respecto.

> Hay mucha gente que ha encontrado su don y se ha dedicado a vivir en su don, pero nunca cumple con el llamado que Dios tiene para su vida.

¿Qué es más sencillo: identificar los dones o el llamamiento? Seguramente estará de acuerdo conmigo que los dones son muchos más sencillos de identificar, porque son una habilidad sobrenatural. También los talentos se pueden identificar fácilmente. Sin embargo, hay muchos que no pueden descubrir su propósito. Pero entonces, ¿cuál puede ser el engaño: la distracción o la equivocación? Hay mucha gente que ha encontrado su don y se ha dedicado a vivir en su don, pero nunca cumple con el llamado que Dios tiene para su vida.

Veamos la vida de dos hombres en la Biblia, que nos muestran que "no es lo mismo"; primeramente, los talentos y los dones no son lo mismo, tampoco el don y el llamamiento o el propósito.

EL CASO DE SANSÓN

Si nunca ha leído esta historia, sería práctico que se detenga y la lea en el libro de Jueces, capítulos 13 al 16.

¿Alguna vez se ha preguntado cuál fue el llamamiento de Dios sobre la vida de Sansón? Cuando hago esta pregunta en las conferencias, las respuestas más comunes son pelear, destruir, defender a Israel, y otros hablan de acabar con los filisteos. ¿Se da cuenta que es más fácil identificar el don en una persona que el propósito?

Todas estas respuestas tienen que ver con el don de Dios que operaba sobre la vida de este hombre, y quizás con algo de su asignación o llamamiento. Pero, en verdad, el llamado de Dios sobre la vida de Sansón fue ser juez sobre Israel. Su misma vida es narrada en el libro que tiene este nombre. Existió una época en la cual Israel no tenía reyes. Dios había dicho que Él sería rey sobre su pueblo (ver 1 Samuel 8:7). Por eso, estableció jueces como Josué, Gedeón, Yaír, Abimélec, Débora, entre otros.

La labor de un juez, como Sansón, era precisamente juzgar con la ley de Dios al pueblo, y dirigirlo por el camino de Él. Sin embargo, aquellos que han leído la historia de Sansón, estoy seguro que lo que más recuerdan es que era el hombre más fuerte que existía. Seguramente recuerdan cómo peleaba, y que mató a miles durante su vida. Es decir, que identificamos rápidamente el don, porque era algo sobrenatural de Dios que venía sobre él.

Concluimos entonces que el llamamiento de Sansón fue ser juez, y su don era la fuerza sobrenatural.

EL CASO DE SAMUEL

Ahora, veamos la historia de otro personaje bíblico y realicemos la misma pregunta. ¿Cuál fue el llamamiento de Dios sobre la vida de Samuel? En este caso, muchas personas responden que su llamado fue el de profeta. Pero de nuevo se comete el mismo error: se identifica el don, pero el llamado de Dios sobre Samuel fue ser juez. De hecho, Samuel fue el último juez antes de empezar la era de los reyes en Israel. ¿Ve que es más sencillo identificar el don y cuánta confusión puede traer?

El pueblo de Israel fue un pueblo muy especial, y Dios dijo que no sería como el resto de las naciones (ver Éxodo 19:4–6). Para gobernar, Dios establecería jueces, quienes dictaminaban lo que Él decretaba, jueces que determinaban la voluntad de Dios. A ellos les enseñaría su ley, sus estatutos, y se encargarían de establecer la justicia. Todos estos hombres y mujeres fueron levantados por Dios hasta que Israel rogó tanto pidiendo ser como los otros pueblos. Quisieron un rey humano, y Dios se los concedió. Es importante saber este recuento histórico, porque desde Moisés hasta Samuel, el pueblo de Israel fue gobernado por jueces.

Contraste entre el llamado de Sansón y el de Samuel

Quiero invitarlo a leer algunos versículos de la vida de Sansón y de Samuel para que comprendamos qué es lo que estoy tratando de explicarle. Observe lo que sucedió con Sansón, en un momento cuando se encuentra con un león, y para que pueda comprender qué era lo que venía sobre este hombre:

> "Y el Espíritu del Señor vino sobre él con gran poder, y lo despedazó como se despedaza un cabrito, aunque no tenía nada en su mano; pero no contó a su padre ni a su madre lo que había hecho".
>
> —Jueces 14:6, lbla

Simplemente le estoy mostrando el nivel de fuerza que tenía este hombre, pero recuerde que fue el poder de Dios sobre él, vino el Espíritu de Dios sobre él.

Veamos otro momento más:

> "Al llegar él a Lehi, los filisteos salieron a su encuentro gritando. Y el Espíritu del Señor vino sobre él con poder, y las sogas que estaban en sus brazos fueron como lino quemado con fuego y las ataduras cayeron de sus manos. Y halló una quijada de asno fresca aún, y extendiendo su mano, la tomó y mató a mil hombres con ella".
>
> —Jueces 15:14–15, lbla

Entendamos que aquí la historia no está hablando de cualquier tipo de hombres, está hablando de un ejército de filisteos, quienes eran enemigos del pueblo de Dios. Este hombre con la quijada de un burro mató a mil guerreros de ellos. ¿Puede imaginar lo que sucedió con este hombre y la dimensión del poder que tenía cuando la operación de Dios estaba sobre él?

Si continúa leyendo más adelante:

> "Después sintió una gran sed, y clamando al Señor, dijo: *Tú has dado esta gran liberación por mano de tu siervo*, y ahora, ¿moriré yo de sed y caeré en manos de los incircuncisos?".
>
> —JUECES 15:18, LBLA, ÉNFASIS AÑADIDO

Observe lo que dice específicamente, después que acabó de matar a toda esta gente: Dios abrió una fuente y Sansón bebió. Pero quiero hacer énfasis en algo, él dijo allí: "por mi mano es que se ha causado esta liberación". Le pregunto, ¿la mano de quién estuvo en los tiempos de Sansón sobre los filisteos? La mano de Sansón.

Si usted leyó la historia como le sugerí, recordará a Dalila y la mujer contratada para que sedujeran a Sansón. Fíjese que pasaron bastantes cosas hasta que él finalmente le reveló cuál era la fuente de su fuerza. Entonces, vinieron los enemigos, lo apresaron, le cortaron el cabello, le sacaron los ojos y lo tuvieron como una burla ante el pueblo. Hasta que un día quisieron divertirse, y el payaso que trajeron fue Sansón. Entonces, en ese momento de vergüenza ante ese pueblo enemigo, él dice lo siguiente:

> "Sansón invocó al SEÑOR y dijo: Señor DIOS, te ruego que te acuerdes de mí, y te suplico que me des fuerzas sólo esta vez, oh Dios, para vengarme ahora de los filisteos por mis dos ojos. Y Sansón asió las dos columnas del medio sobre las que el edificio descansaba y se apoyó contra ellas, con su mano derecha sobre una y con su mano izquierda sobre la otra. Y dijo Sansón: ¡Muera yo con los filisteos! Y se inclinó con todas sus fuerzas y el edificio se derrumbó sobre los príncipes y sobre todo el pueblo que estaba en él. Así que

los que mató al morir fueron más que los que había matado
durante su vida".

—JUECES 16:28–30, LBLA

¿Cuál es la tristeza en todo esto? Usted encuentra a Sansón matando a los enemigos de Dios. Sí, muy válido, él arrancó puertas, ató unas zorras por la cola y las quemó, y quemó todos los cultivos de los enemigos de Dios. Sin embargo, no encuentra un solo versículo que diga: "Y Sansón fue e instruyó en la Palabra de Dios", o "Sansón fue y juzgó al pueblo", o "Sansón ejerció el juicio de Dios sobre el pueblo". No hay. Solo se hacen dos referencias en la Biblia simplemente donde dicen que Sansón gobernó al pueblo por veinte años (ver Jueces 15:20; 16:31). Nunca dice que el pueblo fue juzgado, es decir, que Sansón se dedicó a vivir su vida en el don y no cumplió con el llamado.

> El funcionamiento de su don en el llamado hace que se generen cambios en los entornos en los cuales está.

¿Por qué es interesante esto? Porque no hubo cambio en Israel. El funcionamiento de su don en el llamado hace que se generen cambios en los entornos en los cuales está. En los años que Sansón vivió, no hubo cambios en Israel, solo muerte y destrucción.

Ahora veamos un solo versículo de la vida de Samuel:

"Los filisteos fueron sometidos y no volvieron más dentro de los límites de Israel. *Y la mano del Señor estuvo contra los filisteos todos los días de Samuel*".

—1 SAMUEL 7:13, LBLA, ÉNFASIS AÑADIDO

Este versículo se encuentra al final de la vida de Samuel, como si fuera de alguna manera el epitafio, la conclusión de su vida. Aquí quiero resaltar este punto en este versículo: "Y la mano del SEÑOR estuvo contra los filisteos todos los días de Samuel". Ahora, ¿la mano de quién estuvo contra los filisteos en los días de Samuel?

La mano de Dios. Es importante establecer la diferencia del respaldo de Dios cuando hay alguien que está funcionando en el don en contraste con la persona que está funcionando en el propósito o llamado.

El don es esa habilidad sobrenatural que Dios le da para que cumpla con su llamamiento, pero no se quede viviendo en su don, y mucho menos, no se quede viviendo en su talento. Valdría la pena que volviera a repasar este capítulo. Esto de diferenciar el talento del don y del llamado me llevó a mí años aprenderlo, y por esa razón puedo estar un poco más enfocado que la gran mayoría de la gente que conozco. Muchos de ellos continúan perdidos, no saben para qué fueron creados. Encuentran un talento y dicen: "Guau, yo soy súper bueno administrando". Ser bueno administrando, ser talentoso administrando y tener la unción que tenía José, es totalmente diferente. No se quede siendo un buen administrador, pida la unción de Dios, porque hay una manifestación específica que enseña la carta a los Romanos que es el don para administrar. Entonces imagine esto: si ha sido productivo siendo talentoso, ¿qué sucedería si operara sobrenaturalmente?

> **El don es esa habilidad sobrenatural que Dios le da para que cumpla con su llamamiento, pero no se quede viviendo en su don, y mucho menos, no se quede viviendo en su talento.**

Veamos lo que sucedió durante la vida de Samuel:

> "Y la mano del Señor estuvo contra los filisteos todos los días de Samuel. Las ciudades que los filisteos habían tomado de Israel fueron restituidas a Israel, desde Ecrón hasta Gat, e Israel libró su territorio de la mano de los filisteos. Y hubo paz entre Israel y los amorreos. Samuel juzgó a Israel todos los días de su vida. Cada año acostumbraba hacer un recorrido por Betel, Gilgal y Mizpa, y juzgaba a Israel en todos

estos lugares. Después volvía a Ramá, pues allí estaba su casa, y allí juzgaba a Israel y edificó allí un altar al Señor".

—1 Samuel 7:13^b–17, lbla

Estos detalles como juez no se dicen de Sansón, pero sí de Samuel. Yo creo que Samuel fue uno como Jesús, que pudo decir: "Señor, he terminado la obra que me diste que hiciera. Me mandaste a juzgar a Israel todos los días de mi vida, y lo hice. ¿Cómo lo hice Señor? Con el don de la profecía que tú me diste".

Declaraciones para su vida

Recuerde, su don no es su llamado necesariamente. Es posible que la gente sea atraída por su don, pero si vive en su don, pierde el propósito y su destino. Al terminar la vida de Sansón, nada había cambiado en Israel; al terminar la vida de Samuel, todo había cambiado en Israel.

¿Su vida gira alrededor de su llamado o gira alrededor de su don? ¿Su vida gira alrededor de su talento y su don, o alrededor de qué? Dios le ama tanto, que no permitirá que sea exitoso en algo para lo cual Él no le ha llamado, porque ese éxito le destruirá.

Una de las cosas más importantes que deseo enfatizar es que el don es la herramienta que Dios le da para cumplir con su propósito. Samuel operó en su don y llamado al juzgar al pueblo y usar el don de profecía que Dios mismo le había dado. Sin embargo, en la vida de Sansón, lamentablemente solo lo vemos operando en su don pero nunca juzgando al pueblo de Dios de acuerdo a su ley.

> Dios le ama tanto, que no permitirá que sea exitoso en algo para lo cual Él no le ha llamado, porque ese éxito le destruirá.

Muchas personas se encuentran peleando con Dios, tratando de dar a luz algo que Dios nunca los llamó a hacer. Alguien está tratando de ser el mejor empleado, cuando Dios lo llamó a ser dueño. Alguien está tratando de ser dueño, cuando Dios lo llamó a ser el mejor empleado. Hay algunas personas que Dios las ha capacitado y ungido para ser los mejores segundos. Usted no sabe el descanso que Dios me ha dado al traer a personas claves a mi lado. Él me habla, me dice algo y yo simplemente digo: "Necesitamos hacer esto", y hay personas que tienen la capacidad para que eso se lleve a cabo.

Pudiera preguntarle a su Padre: "¿Qué pensaste cuando pensaste en mí?". Le invito a que deje de perder tiempo, recursos, relaciones, años, y se dedique a buscar el propósito de su vida. Para algunos, a la vista humana, quizás esa asignación no sea muy trascendental, como en el caso de mi madre. No obstante, yo no quiero ser exitoso ante los ojos humanos, yo quiero ser exitoso ante lo que Dios dijo de mí.

En términos humanos, Jesús no tuvo un ministerio muy "exitoso", si lo basamos en cuántos edificios construyó, qué libros escribió, dónde quedaron grabadas las cruzadas de milagros, etc. Pero créame, en términos divinos, el Hijo de Dios fue exitoso al cumplir con la tarea que el Padre le asignó.

Le invito a tomar una decisión, y que esa decisión sea la de "vivir de tal forma que, el día que muera, su último pensamiento o declaración antes de expirar sea: 'Señor, te cumplí, terminé la obra que me diste que hiciera'". Guau, creo que el Padre celestial estaría sonriendo complacido.

No sé cuál es su propósito, pero usted tiene uno, búsquelo. Si en su vida encuentra que hay áreas de insatisfacción, es porque no ha llegado al máximo potencial que Dios tiene para usted. Si piensa que "debe haber algo más", es porque hay algo que Dios quiere hacer en usted. A menudo, lo más grande que Dios tiene para usted, aún no lo ha descubierto.

> **A menudo, lo más grande que Dios tiene para usted, aún no lo ha descubierto.**

"El Señor cumplirá su propósito en mí; eterna, oh Señor, es
tu misericordia; no abandones las obras de tus manos".
                                            —SALMO 138:8, LBLA

En la versión de la Biblia, Traducción en Lenguaje Actual, lo
dice de esta manera:

"Dios mío, tú cumplirás en mí todo lo que has pensado hacer.
Tu amor por mí no cambia, pues tú mismo me hiciste. ¡No
me abandones!".
                                            —SALMO 138:8, TLA

Capítulo 6

UN ERROR COMÚN

"Estamos ocupados haciendo tantas cosas para las que somos buenos, que perdemos de vista aquello para lo cual Dios verdaderamente nos llamó".

—EDWIN CASTRO

COMO MINISTRO, HE tenido que asistir a muchos sepelios. Ese es un momento particular en donde la gente evalúa muchas cosas y sopesa otras. La muerte tiene una capacidad inigualable de confrontar. De hecho, estar expuesto a la muerte de alguien cercano pone a la gente a pensar sobre su vida pasada, presente y, de forma especial, sobre el futuro.

Una de las cosas que la gente de propósito piensa es: *¿Estaré bien encaminado ante lo que Dios me mandó hacer, o estará incompleta su tarea? ¿Estaré cumpliendo los deseos de Dios?* Cuando tuve la experiencia que le conté en la introducción, de encontrarme con un versículo de la Biblia que marcó mi vida grandemente, allí mismo tomé una decisión. Le dije a mi esposa: "Amor, si estás de acuerdo, yo deseo que este versículo sea mi epitafio, si es que muero antes que tú, o si Jesús no ha venido. Hazlo si tú estás de acuerdo; si no estás de acuerdo en que yo haya hecho esto, pues ni lo pongas. Pero sería mi anhelo que tú lo pusieras, si crees que cumplí con lo que el texto dice".

> Estar expuesto a la muerte de alguien cercano pone a la gente a pensar sobre su vida pasada, presente y, de forma especial, sobre el futuro.

"Porque David, después de haber servido el propósito de Dios en su propia generación, durmió, y fue sepultado con sus padres, y vio corrupción".
—HECHOS 13:36, LBLA

Otra versión de la Biblia dice: "Ciertamente David, después de servir a su propia generación conforme al propósito de Dios, murió…" (NVI). ¿No le parece una declaración impresionante? Que Dios mismo por medio del Espíritu Santo, diga: "Llevaste a cabo la obra que te di, puedes venir a casa". ¡Impresionante!

Qué le parece si todos pudiéramos tener esa misma certeza que Jesús tuvo, a pesar de sus treinta y tres años, cuando expresó al Padre: "He acabado la obra que me diste que hiciera" (Juan 17:4, RVC). Esa es una declaración muy fuerte, totalitaria, es atrevida en determinada instancia. ¿Por qué? Piense por un momento: ¿quedó gente sin sanar cuando Jesús estuvo en la tierra? ¿Quedaron endemoniados? ¿Predicó en todo el planeta tierra? ¿Conocieron todas las personas el plan de Dios para la humanidad? ¡Claro que NO! La situación que Jesús enfrentaba era muy clara y, lamentablemente, muy diferente a la de muchas personas. Él sabía claramente a qué lo había enviado Dios. Él conocía cuándo empezaba, cuándo terminaba, cuál era el límite, hasta dónde él tenía que llegar.

En este capítulo voy a tratar sobre uno de los errores más comunes que cometen las personas en cuanto a su propósito en la vida. Posiblemente es una de las confusiones que más personas tienen, porque los talentos, las habilidades, aquellas cosas en las que la persona es muy buena pueden convertirse en el peor obstáculo para que cumpla su propósito. Algunos pueden pensar: *¿Pero cómo así, no me ha venido diciendo todo lo contrario?* Sí, pero no. Permítame explicarme.

Las personas que son talentosas, que tienen dones, pueden llegar a vivir en confusión, pues un gran regalo de Dios puede convertirse en algo que lo distrae, que lo desenfoca. Es posible que usted sea este tipo de personas, que es buena haciendo muchas cosas, y le gustan tantas de ellas que no sabe a cuál dedicarse. Puede estar muy ocupado haciendo tantas cosas diferentes que se pierde de aquello para lo cual Dios le llamó. Va a tener que llegar un momento en su vida en el cual va a tener que morir a algo, para que algo mayor nazca.

Esta situación suele ser muy difícil, sobre todo, porque en muchos casos, la persona dice: "Pero es que yo soy bueno haciendo esto"; "pero es que me gusta hacerlo". Sí, esa puede ser una realidad, pero debe llegar el tiempo en el que tiene que ir a la siguiente temporada de su vida.

David, de alguna manera, lo comprendió. Él tuvo que enfrentar temporadas en su vida hasta llegar a aquello para lo cual Dios lo había elegido. Podemos preguntar: ¿Acaso David no tenía claro el propósito desde el principio? Posiblemente no. Creo que el propósito es algo que se va descubriendo, revelándose a su vida. Ojalá todos tuviéramos unos padres a los cuales Dios les hubiera hablado de manera clara sobre nuestro propósito y nos lo hubieran anunciado. Ya que esta no es la realidad, debemos procurar descubrirlo. Quizás si tenemos padres creyentes, preguntarles si recibimos promesas en nuestra infancia o aun antes de nacer.

> **Puede estar muy ocupado haciendo tantas cosas diferentes que se pierde de aquello para lo cual Dios le llamó.**

Algo que debemos entender es que no existen casualidades en la vida. Dios conoce absolutamente todo y nada le sorprende de lo que enfrentemos o vivamos. Otro de mis versículos preferidos en la Biblia se encuentra en Isaías. Dios dice:

> "Yo anuncio el fin desde el principio; desde los tiempos antiguos, lo que está por venir. Yo digo: Mi propósito se cumplirá, y haré todo lo que deseo".
> —Isaías 46:10

Dios nos anuncia su propósito desde antes que hayamos nacido. Él conoce cada paso de nuestra vida, cada temporada, y aunque tengo claro que nos ha dado la libre elección, la Palabra también determina que "…somos hechura suya, creados en Cristo Jesús para *hacer* buenas obras, las cuales Dios preparó de antemano para que anduviéramos en ellas" (Efesios 2:10, LBLA).

Entonces, ¿qué es lo que sucede verdaderamente? Cada una de las etapas de la vida, su estudio, su trabajo, sus pérdidas, sus victorias, sus celebraciones y sus tristezas, cada una de ellas conforman algo esencial; arman un rompecabezas para que entonces llegue a ese fin que Dios tuvo en mente desde el principio. Quiero compartirle una oración que elevo a Dios: "Señor muéstrame mi fin". ¿No le parece una oración poderosa? Porque en el instante en que Dios le muestre el fin, podrá decir: "Ahora conozco que esto es lo que yo estoy supuesto a terminar haciendo". Desde ese punto, la idea sería empezar a tomar las decisiones correctas para no perder recursos, tiempo, gente, y preguntarse cómo ir alineándome para llegar allá. Recuerde que debemos vivir como Jesús lo hizo; su vida estuvo orientada en el propósito de Dios. Nuestro Señor dijo:

> "Yo no puedo hacer nada por iniciativa mía; como oigo, juzgo, y mi juicio es justo porque no busco mi voluntad, sino la voluntad del que me envió".
>
> —JUAN 5:30, LBLA

La vida de David fue marcada por triunfos y derrotas, alegrías y tristezas, celebraciones, persecuciones, valles y montes, hasta que llegó al destino que Dios tenía para él. Este caminar lo llevó por diferentes trabajos, profesiones o funciones en las cuales David siempre fue hallado sobresaliente. Y esa es la trampa en la cual podemos caer muchos de nosotros: ser buenos para algo y no

> **Dios conoce absolutamente todo y nada le sorprende de lo que enfrentemos o vivamos.**

comprender que Dios quiere llevarnos a la siguiente temporada. Eso que usted está haciendo hoy no es el fin sino una estación; eso que está viviendo hoy no es el "libro" de su vida sino un "capítulo". Le recuerdo que aún hay más de Dios para usted.

LAS TEMPORADAS DE DAVID

Existen cuatro momentos, cuatro temporadas en la vida de David en las cuales podemos aprender cómo él las enfrentó y cuál fue el sello o la imagen que siempre le acompañó. Evaluaremos lo que sucedió y qué estuvo presente en cada uno de esos momentos. Esto le permitirá encontrar el propósito de la vida de David, y entender cómo llegó a la Biblia el versículo de Hechos 13:36 con el cual el Espíritu Santo me impactó: "...David, después de servir a su propia generación conforme al propósito de Dios, murió...".

1. David, el pastor

El pueblo de Israel tenía a Saúl como su primer rey, pero llegó un momento donde él comenzó a hacer cosas que iban en contra de la voluntad de Dios. Por eso, Él le dice: "A partir de hoy te quito el reino, mi favor y mi gracia, ya no estarán sobre ti, porque has hecho cosas que van en contra de mi corazón" (paráfrasis del autor; ver 1 Samuel 15). Entonces, Dios le habla a Samuel, y le dice: "He quitado el reino de Saúl, y yo necesito que tú vayas y unjas como rey a su sucesor" (paráfrasis del autor; ver 1 Samuel 16:1). Lo único que Dios le mencionó a Samuel era que el elegido sería uno de los hijos de Isaí.

> La vida de David fue marcada por triunfos y derrotas, alegrías y tristezas, celebraciones, persecuciones, valles y montes, hasta que llegó al destino que Dios tenía para él.

Samuel obedeció y llegó a la casa de Isaí. Entonces, mandó a llamar a todos sus hijos. Me imagino que, en determinado momento, salió el primero: dos metros de estatura, ojos verdes, con el porte de rey. Así que, posiblemente, Samuel ya estaba sacando el aceite para ungirlo, cuando Dios le dice: "¡Eh, ese no es!". Viene el siguiente: "Bueno, este no está tan alto, pero se puede trabajar con él". Dios le dice: "No, ese tampoco". Pasan todos, no había nadie más ahí, por lo que me imagino a Samuel diciendo: "Señor, pero si tú me dijiste que era uno de los hijos de Isaí". Entonces, llega este momento gracioso donde Samuel le pregunta a Isaí:

> "¿Son éstos todos tus hijos? Y él respondió: Aún queda el menor, que está apacentando las ovejas. Entonces Samuel dijo a Isaí: Manda a buscarlo, pues no nos sentaremos a la mesa hasta que él venga acá. Y envió por él y lo hizo entrar. Era rubio, de ojos hermosos y bien parecido. Y el SEÑOR dijo: Levántate, úngele; porque éste es. Entonces Samuel tomó el cuerno de aceite y lo ungió en medio de sus hermanos; y el Espíritu del SEÑOR vino poderosamente sobre David desde aquel día en adelante. Luego Samuel se levantó y se fue a Ramá".
> —1 SAMUEL 16:11–13, LBLA

Esa fue la primera posición, el primer trabajo, el primer encargo que tuvo David: pastor de ovejas. Pero, como dirían nuestros abuelos: "las apariencias engañan". Samuel iba buscando un guerrero, un hombre quizás de pelea, de combate, y le sale un muchacho adolescente, insignificante, pequeño. Sin embargo, Dios le dice: "No mires a su apariencia, ni a lo alto de su estatura, porque lo he desechado; pues Dios ve no como el hombre ve, pues el hombre mira la apariencia exterior, pero el SEÑOR mira el corazón" (v. 7).

No se preocupe si en este instante de su vida pareciera que es el más pequeño. No se preocupe si hasta este momento no ha tenido "promoción". No se preocupe si en este momento

> **Dios está viendo lo que usted está haciendo en la intimidad.**

pareciera que nadie se fija en usted. Dios está viendo lo que usted está haciendo en la intimidad.

Allí, mientras David desarrollaba esa labor de cuidar ovejas, Dios lo estaba preparando para la siguiente asignación, y para la siguiente temporada. ¿Cómo me puede decir eso? Vamos a la Biblia para comprobarlo. Aquí encontraremos la marca trascendental, lo más importante en la vida de David, que lo siguió durante toda su existencia.

> "Samuel tomó el cuerno de aceite y ungió al joven en presencia de sus hermanos. *Entonces el Espíritu del Señor vino con poder sobre David, y desde ese día estuvo con él.* Luego Samuel regresó a Ramá".
> —1 SAMUEL 16:13, ÉNFASIS AÑADIDO

Primero vemos que David es escogido en presencia de sus hermanos, y luego observe lo más importante que necesitamos recordar: *"Entonces el Espíritu del Señor vino con poder sobre David, y desde ese día estuvo con él"*. Por favor, recuerde, usted puede estar lavando platos en un restaurante, trabajando en una bodega donde nadie le ve, en una fábrica, en un cultivo, en la construcción, en un gran negocio, en las artes, puede estar haciendo lo que sea, lo único que necesita desesperadamente es que el Espíritu de Dios esté sobre usted.

Llegará el momento en el que Dios va a traer ese reconocimiento, incluso, en medio de sus parientes. Aquellas cosas que causaron división en su familia, aquellos que quizás dijeron: "¿Y este quién es; qué se cree este?". Llegará el momento en el que los primeros que atestiguarán de lo que hay de Dios en usted serán los más cercanos. Eso fue lo que pasó con David. Créame, no debió ser muy sencillo, y aquí yo encuentro otro patrón de Dios. Esto no tiene que ver con los primogénitos, ni con los que son más grandes. Al parecer, a Dios le gusta trabajar con los más pequeños, los menos notables. Moisés era el hermano menor, José era el hermano menor, David era el hermano menor. Y Dios, en determinado momento dice: "A él es a quien quiero". Esto tiene que ver con una elección divina y con los propósitos eternos que Él tiene.

Si recordamos la vida de un hombre como José, podemos preguntar: ¿Acaso el Espíritu de Dios no estaba en la cárcel sobre José y que todo lo que él hacía prosperaba? ¿Acaso no estuvo cuando era esclavo y todo lo que hacía prosperaba? ¿Acaso el Espíritu de Dios no estuvo incluso ahí en la cisterna cuando estaban por matarlo, y allí también lo preservó Dios? Igualmente, el patrón que vamos a encontrar en la vida de David fue la presencia de Dios. Ella deber ser nuestro alimento. Debemos tener un hambre que solo sea satisfecha por su presencia.

> Llegará el momento en el que los primeros que atestiguarán de lo que hay de Dios en ti serán los más cercanos.

2. David, el adorador

En tanto que David desarrollaba su primera asignación, estaba siendo entrenado en esta nueva tarea para la próxima temporada de vida. En ese tiempo fue que nacieron salmos que, incluso, hoy en día nosotros cantamos. ¿Por qué? Porque la segunda etapa de vida que vivió David fue la de adorador, músico, salmista, escritor, hasta de artesano.

> "El Espíritu del Señor se apartó de Saúl, y un espíritu malo de parte del Señor le atormentaba. Entonces los siervos de Saúl le dijeron: He aquí ahora, un espíritu malo de parte de Dios te está atormentando. Ordene ahora nuestro señor a tus siervos que están delante de ti, que busquen un hombre que sepa tocar el arpa, y cuando el espíritu malo de parte de Dios esté sobre ti, él tocará el arpa con su mano y te pondrás bien. Entonces Saúl dijo a sus siervos: Buscadme ahora un hombre que toque bien y traédmelo".
> —1 Samuel 16:14–17, lbla

Hubo un momento en la vida de Saúl en el que Dios retiró su favor y gracia. Dios envió un espíritu para que lo atormentara, a tal punto que Saúl estaba literalmente volviéndose loco, y entonces dijeron: "¿Sabes qué? Tú necesitas a alguien que te apacigüe". Y él dijo: "Tráiganme un músico, tráiganme a alguien que toque para que mi alma se relaje, para que mi alma pueda tener descanso". ¿A quién iban a traer? A un buen músico. Uno de los cortesanos sugirió: "Conozco a un muchacho que toca el arpa; ese muchacho sabe tocar, pero sabes qué, rey, te voy a dar un bono adicional". Yo creo que este hombre había visto algo más en David. Creo que esta persona es de esas que Dios usa como conectores para las siguientes temporadas. Creo que Dios le mostró a esta persona "algo" más de David que otros no habían visto. Me atrevo a decir que esta persona conocía el propósito de David, porque mire todo lo que dijo: "Es valiente, hábil guerrero, sabe expresarse y es de buena presencia. Además, el Señor está con él" (1 Samuel 16:18).

Los tiempos en los cuales David estuvo cuidado ovejas, aun en los momentos en que estaba obedeciendo las órdenes de su padre, fueron de profunda formación y aprendizaje. Él aprendió con las ovejas sobre el amor, el cuidado y la protección de Dios. Al ver cómo él traía las ovejas, cómo las cuidaba, cómo las protegía, cómo las llevaba a beber, a comer, cómo las ungía cuando estaban enfermas, entonces allí empezaron a surgir de su interior alabanzas y salmos, como este que seguramente lo ha recitado:

"El Señor es mi pastor, nada me faltará. En lugares de verdes pastos me hace descansar; junto a aguas de reposo me conduce. El restaura mi alma; me guía por senderos de justicia por amor de su nombre. Aunque pase por el valle de sombra de muerte, no temeré mal alguno, porque tú estás conmigo; tu vara y tu cayado me infunden aliento. Tú preparas mesa delante de mí en presencia de mis enemigos; has ungido mi cabeza con aceite; mi copa está rebosando. Ciertamente el

bien y la misericordia me seguirán todos los días de mi vida,
y en la casa del Señor moraré por largos días".

—Salmo 23:1–6, lbla

Mientras él pastoreaba las ovejas y aprendía sobre su cuidado, algo venía a su mente y entonces lo escribía, le ponía música y lo tocaba en el arpa, o diseñaba un nuevo instrumento para generar nuevos sonidos para lo que había escrito. En ese tiempo, el músico se forjó, el compositor fue creciendo, los poemas fluyeron, los salmos nacieron. Durante toda la vida de David, tiempos como estos estarían presentes.

Creo que en las etapas de pastor y adorador fue donde David empezó a descubrir a Dios y llegar a revelaciones como éstas: "De la manera como cuido a estas ovejas, de la manera como yo las alimento, de la manera como yo les doy agua, de la manera como las sano, de la manera como las cuido, de esa manera tú lo haces conmigo. ¡Guau, Señor! Tú eres mi pastor, nada me falta, en lugares de delicados pastos me haces descansar. Junto a aguas de reposo me pastoreas…", "Unges mi cabeza con aceite, mi copa está rebosando…". Entonces, llega a conocer el final: "Ciertamente el bien y la misericordia me seguirán todos los días de mi vida, y en la casa del Señor moraré por largos días".

> La marca de un adorador, de aquel que se enfoca en Dios, que alaba a Dios, a pesar de las circunstancias, nunca será levantada; ese sello nunca podrá ser quitado de su vida.

Quiero declarar algo sobre su vida: la marca de un adorador, de aquel que se enfoca en Dios, que alaba a Dios, a pesar de las circunstancias, nunca será levantada; ese sello nunca podrá ser quitado de su vida. Sobre todas las cosas, Dios nos creó para adorarle. En los momentos difíciles cobran vida las canciones que David compuso: "Te amo más que a mi vida", "A quién tengo yo en el cielo sino a ti", "Tú eres mi alto refugio", "Tú eres mi escondedero", "Tú eres mi justicia", y otras más. En los días de persecución y victoria, David siempre encontraría refugio en la adoración a Dios. Por lo tanto, sigamos su ejemplo.

3. David, el guerrero

Llegó otro nuevo tiempo en la vida de David con el cual venía obviamente otra temporada. ¿Cuál es el problema que se presenta comúnmente en momentos como estos? Cuando no se sabe reconocer la progresión de Dios en su vida, querrá quedarse aferrado a aquello en lo que es bueno, aquello que conoce, aquello en lo que encuentra confianza. Dios, muchas veces, le estará diciendo: "Ve a la siguiente temporada", mientras usted se resiste. Es como si Dios le dijera a David: "Esto de ser pastor no lo vas a dejar, por lo menos de esta forma. Lo vas a hacer ahora de una manera diferente. Lo que viviste no va a ser una pérdida de tiempo". Usted debe aprender que todo esto forma parte del proceso de equiparlo para la siguiente temporada.

¿Qué sucedió? Mientras David obedecía una orden sencilla de su padre, se encontró con la siguiente temporada de su vida. No es casualidad que en la vida de grandes hombres de la Biblia, como Moisés, José y David, se encuentre un patrón común. Encontraron la siguiente temporada de su vida que los acercó claramente a su propósito, obedeciendo órdenes muy sencillas.

Por ejemplo: ¿Por qué razón José llegó a Egipto? Porque llegó a donde estaban sus hermanos y ellos les vendieron a unos ismaelitas, quienes le llevarían a Egipto. ¿Por qué razón llegó a donde sus hermanos? Por obedecer una orden sencilla de su papá. Vea este otro ejemplo: ¿Qué pasó con Moisés? Su suegro (una tipología paterna), le dice: "Ve y cuida mis ovejas", y mientras cuidaba las ovejas, Moisés vio un árbol que se estaba quemando pero no se consumía. Y al acercarse, escucha la voz de Dios: "Moisés, el lugar donde tú estás es santo, quita las sandalias de tus pies". Entonces, Dios le revela su llamado: "Yo Soy, he escuchado el clamor de mi pueblo, he visto su opresión y te he escogido a ti para que los saques de Egipto. Hoy termina tu temporada de pastor y empieza la de libertador" [paráfrasis del autor].

¿Qué sucedió con David? Como dice uno de mis mentores: "Estaba haciendo una entrega de pizza, y se encontró con la siguiente temporada de su vida". Isaí, su padre, estaba preocupado por sus hijos, los hermanos mayores de David, que estaban en la guerra. Así que le dice a David que fuera a sus hermanos y le llevara unos panecillos y quesos para que tuvieran algo de comer; estaba haciendo una "entrega de pizza". El muchachito se va con la canasta. Pero cuando llega al lugar de guerra se encuentra a varios soldados muertos de miedo, temblando, porque había un filisteo enemigo de Israel, de casi tres metros, que estaba diciendo: "Mándenme a un israelita, que aquí vamos a pelear y vamos a ver quién es quién. Si me ganan, nosotros vamos a ser sus siervos, pero si yo gano ustedes vendrán a servirnos a nosotros". Y ahí sale Saúl bastante acobardado, preguntando: "¿Quién irá? ¿Hay alguien que vaya a pelear?". En ese instante, llegó David, un muchachito, pastor de ovejas y adorador, quien vio lo que estaba sucediendo y a los israelitas atemorizados, incluido el rey.

> "Y dijo David a Saúl: No se desaliente el corazón de nadie a causa de él; tu siervo irá y peleará con este filisteo".
> —1 SAMUEL 17:32, LBLA

David responde: "Acá no hay problema, yo voy, rey, yo lo enfrento". Me imagino a la gente y a los hermanos diciéndole: "David, vaya para la casa; usted no sabe lo que está haciendo; cómo se le ocurre decirle eso al rey". Y él responde: "No, no, yo voy". Espero que conozca el final de esta parte de la historia al enfrentar a Goliat. Es en ese momento donde se inicia un nuevo tiempo en el cual Dios va entrelazando una temporada con la siguiente en la vida de David. Así como David, usted tiene propósitos claros, y todo lo que ha vivido forma parte del pentagrama de Dios para la sinfonía de su vida.

Sin temor, David le dijo a Saúl: "Nadie tiene que desanimarse por causa de este filisteo, yo mismo iré a pelear con él" [paráfrasis del autor]. Mire si tenía carácter ese jovencito; como dicen por ahí, "tenía pantalones", y los tenía bien puestos: "Yo voy, ¿cuál es el problema?". Ahí viene la respuesta de Saúl, no la que uno necesita de parte de la autoridad, con palabras de afirmación que le digan: "Ve y que Dios te acompañe", no. El rey replicó: "¡Cómo vas a pelear tú solo contra este filisteo! [...] No eres más que un muchacho, mientras que él ha sido un guerrero toda la vida" (1 Samuel 17:33). ¿Estaba equivocado Saúl? No, estaba viendo lo natural. Él no conocía las historias de David, ni recordaba lo que le hubieran dicho sobre él. No conocía sobre la intimidad de David con Dios.

> **Usted tiene propósitos claros, y todo lo que ha vivido forma parte del pentagrama de Dios para la sinfonía de su vida.**

A usted lo pueden ver como sea, pero lo que importa es lo que Dios dice de usted. Jesús, siglos después, afirmaría:

> "Entonces, tu Padre, quien todo lo ve, te recompensará".
>
> —MATEO 6:6[b], NTV

Mire cómo continúa la historia:

> "Pero David respondió a Saúl: Tu siervo apacentaba las ovejas de su padre, y cuando un león o un oso venía y se llevaba un cordero del rebaño, yo salía tras él, lo atacaba, y lo rescataba de su boca; y cuando se levantaba contra mí, lo tomaba por la quijada, lo hería y lo mataba. Tu siervo ha matado tanto al león como al oso; y este filisteo incircunciso será como uno de ellos, porque ha desafiado a los escuadrones del Dios viviente. Y David añadió: El SEÑOR, que me ha librado de las garras del león y de las garras del

oso, me librará de la mano de este filisteo. Y Saúl dijo a
David: Ve, y que el SEÑOR sea contigo".
                                    —1 SAMUEL 17:34–37, LBLA

En otras palabras, David le dice a Saúl: "A mí me toca cuidar
el rebaño de mi padre". ¿Qué es lo que está diciendo? "Sí, yo he
sido pastor, pero cuando un león o un oso viene y se lleva una
oveja del rebaño, yo lo persigo y lo golpeo hasta que suelta la presa".
¿De dónde salió esa valentía? ¡Un jovencito peleando con bestias!
Continúa él diciendo: "Y si el animal me ataca lo sigo golpeando
hasta matarlo". ¿Qué era lo que pasaba? El Señor estaba con él, Al
pastorear las ovejas, Dios lo estaba preparando para enfrentar gi-
gantes. Obedeciendo esas órdenes de papá, Dios lo estaba preparando para la siguiente temporada.

David le dice a Saúl: "Si este siervo de su majestad ha matado leones y osos, lo mismo puede hacer con este filisteo pagano,
porque está desafiando al ejército del Dios viviente. El Señor, que
me libró de las garras del león y del oso, también me librará del
poder de ese filisteo" [paráfrasis del autor]. Entonces, algo sucedió.
Se le abrieron los ojos a Saúl, y le dijo: "Ve, y que el SEÑOR sea
contigo" (v. 37). ¡Qué tremenda la actitud de David!

Si usted sigue leyendo esos capítulos siguientes, sabrá que el
gigante salió con la lanza y con la espada, pero David fue al río,
tomó cinco piedras, las guardó, y se fue con la onda a enfrentarlo.
"Tú vienes a mí con espada, lanza y jabalina", le dijo al gigante.
¿Qué quiere decir? "Tú vienes a mí con tu conocimiento, con tu
humanidad, con las cosas que has logrado; mas yo vengo contra
ti en el nombre de Jehová de los ejércitos", y disparó una de las
piedras directo a la frente. Goliat no murió, tan solo cayó, pero él
tomó la espada del gigante y le quitó la cabeza.

Es interesante ver que aquello con lo que el enemigo venía a
atacar se convirtió en lo que Dios usó para matarlo. David mató
a Goliat con su propia espada. Fue entonces cuando vino el nuevo
tiempo en el cual David se convirtió en un hombre de guerra.

"Y salía David adondequiera que Saúl le enviaba, y prosperaba; y Saúl lo puso sobre hombres de guerra. Y esto fue agradable a los ojos de todo el pueblo y también a los ojos de los siervos de Saúl".

—1 Samuel 18:5, lbla

Cualquier encargo que David recibía de Saúl, lo cumplía con éxito, de modo que Saúl lo puso al mando de todo su ejército, con la aprobación de sus soldados y hasta de sus oficiales.

"Y David prosperaba en todos sus caminos, pues el Señor estaba con él".

—1 Samuel 5:14, lbla

Unos días antes, pastor y adorador; unos días después, general de un poderoso ejército. Todo porque Dios estaba con él. David tuvo éxito en todas sus expediciones por esta causa: "el Señor estaba con él".

> Es importante que entendamos que la presencia del Señor, así como estuvo con David, también está sobre nuestra vida, nuestros trabajos, nuestros ministerios y nuestras relaciones.

Es importante que entendamos que la presencia del Señor, así como estuvo con David, también está sobre nuestra vida, nuestros trabajos, nuestros ministerios y nuestras relaciones. La situaciones que vivimos no son permanentes, sino temporales. En esta jornada de vida, donde hay transiciones de una temporada a otra, la presencia de Dios nos guiará. Es como cuando en un restaurante viene un camarero y le sirve el agua. Hay un instante en que el agua no está en la jarra ni en el vaso, aunque ambos están en las manos del camarero. Así mismo son los tiempos de transición, algunas veces son incómodos. Si usted se encuentra en un momento así, recuerde que lo importante es que sepa que está en las manos del Señor.

Por gloriosa que fuera esa temporada, no era el final que

Dios tenía en mente para David. Tuvo que vivir un tiempo de persecución y destierro, donde incluso fue una especie de mercenario, para entonces llegar a la asignación que Dios tenía en mente.

4. David, el rey

> "Treinta años tenía David cuando llegó a ser rey, y reinó cuarenta años. En Hebrón reinó sobre Judá siete años y seis meses, y en Jerusalén reinó treinta y tres años sobre todo Israel y Judá".
>
> —2 SAMUEL 5:4–5, LBLA

En verdad, esta no fue la última temporada de David, sino la conclusión de los ciclos de Dios en su vida. Este encargo no fue el último sino el primero. ¿Por qué le digo esto? Porque ya Samuel se había encontrado con David para ungirlo como rey. Recuerde, Dios anuncia el final desde el principio. Por eso, nuestra oración debería ser: "Señor, muéstrame el final".

David tenía treinta años cuando comenzó a reinar, y reinó cuarenta años. Le invito a reflexionar sobre esto: ¿Cuándo empezó a cumplirse el propósito supremo de Dios? A los treinta. Fue el mayor momento de su vida, y reinó por cuarenta años. No hay ningún problema si está en una edad adulta y aún no ha encontrado el propósito. Gracias a Dios que está leyendo este libro, y le aseguro que en los próximos capítulos lo descubrirá.

> Recuerde, Dios anuncia el final desde el principio.

> "David habitó en la fortaleza, y la llamó la ciudad de David. Y edificó David la muralla en derredor desde el Milo hacia adentro. David se engrandecía cada vez más, porque el SEÑOR, Dios de los ejércitos, estaba con él".
>
> —2 SAMUEL 5:9-10

Necesito una vez más enfatizar sobre el porqué del éxito de David: el Dios de los ejércitos estaba con él. ¿No le parece impresionante que ese mismo Dios está con usted?

SU MOMENTO ES HOY

Celebro la vida de algunos de los muchachos, que no llegan a los dieciocho o veinte años y ya saben cuál es el propósito de Dios para sus vidas. Es más, parte de mis días los dedico a ayudarles a descubrirlo. ¿Se imagina la cantidad de dinero que van a dejar de desperdiciar? ¿La cantidad de tiempo que van a ahorrar? ¿La cantidad de gente que van a tocar? Le comparto que, en mi caso particular, a una edad similar a la de David, fue cuando empecé a descubrir mi asignación en la tierra y para la cual vivo. Hoy es su momento, nunca es tarde.

Toda persona debería indagar sobre su propósito para que no pase un año o dos años más sin vivir para él. Que pueda decir: "Señor, los siguientes veinte años... treinta años... cuarenta años... voy a estar alineado con lo que tú dijiste de mí desde el principio". La Biblia nos relata que David tenía treinta años cuando comenzó a reinar, y reinó cuarenta años. Se instaló en una fortaleza y la llamó "Ciudad de David". También construyó una muralla alrededor, desde el terraplén del palacio, y se fortaleció más y más, porque el Señor Dios todopoderoso estaba con él. Dondequiera que estuvo y en toda situación, en los prados, en las canciones, en las guerras, en el reinado, Dios estaba con él. ¿Qué tanto anhelamos su presencia?

Dios le habló a David sobre su propósito y él lo tuvo claro, a tal punto que supo dónde terminaba. Es decir, supo cuál era la parte que a él le correspondía desarrollar en Israel, y cuál era la parte que le correspondía a la siguiente generación. En esencia, creo que el propósito de Dios

> **Toda persona debería indagar sobre su propósito para que no pase un año o dos años más sin vivir para él.**

para la vida de David fue establecerlo como rey en Israel, para que conquistara todos los territorios enemigos, con el objetivo de dejarle a su hijo una nación en paz, y con los recursos para construir el templo donde reposaría la presencia de Dios, en medio de alabanzas y ofrendas continuas.

En 1 Crónicas 22 vemos que David habla con su hijo, diciéndole: "Hijo mío, yo tenía la intención de construir un templo para honrar al Señor mi Dios" (v. 7); es decir, él estaba en ese proceso. Me imagino que pensó: *Bueno, ya todo se dio, todo está perfecto, ya tengo hasta los recursos, ahora voy a construir.* Pero Dios le dijo: "No hijo mío, tú no vas a construirme casa, ese es mi propósito para tu hijo. Has sido un hombre de guerra y has derramado mucha sangre; tu hijo será un hombre de paz y él me construirá la casa donde yo voy a habitar" (ver vv. 8–10). David tuvo la conciencia de entender que no estaba supuesto a hacerlo todo, sino que llegaba un momento en el cual él terminaría y la siguiente generación continuaría.

El mayor ejemplo de todos nos lo dio Jesús, cuando declaró ante sus once discípulos: "...he acabado la obra que me diste que hiciera" (Juan 17:4b, rvc). Tan solo habían pasado tres años y medio, pero Jesús estaba bien claro de que lo que había hecho en ellos no iba a ser en vano, como para perder simplemente su vida por ellos. Él tenía la certeza de confiar que eso que había hecho, prepararía el camino para que esos otros hombres continuaran su obra hasta el día de hoy, esparciendo la predicación del reino de los cielos.

> David tuvo la conciencia de entender que no estaba supuesto a hacerlo todo, sino que llegaba un momento en el cual él terminaría y la siguiente generación continuaría.

EL FIN DEL TIEMPO DE DAVID

Antes de morir, David dejó todo listo para construir el templo. Él pensó que su hijo Salomón era todavía muy joven e inexperto.

Además, el templo de Dios debía ser el más grandioso, que su fama y su gloria fueran conocidas en todo el mundo. Así que decidió dejarle todo listo para que él lo construyera (ver 1 Crónicas 22:5). ¿Qué hizo entonces David? Buscó a Dios, Él le dio los planos y David los preparó. El resto del primer libro de Crónicas relata todo lo concerniente a la construcción del templo y la preparación de todo: "Estos van a ser los cantores, los músicos tienen que estar así, los instrumentos serán así, los que reciben las ofrendas de esta forma, los porteros tienen que trabajar así, los levitas tienen que ministrar de esta manera, etc.". Todo quedó establecido.

David estableció todo el diseño, de tal manera que su hijo pudiera concluirlo. Él se encargó de conseguir bronce, plata, madera, oro, y todo lo necesario para que Salomón llevara a cabo esa obra. Tanta era la conciencia que, al final de su historia, David separó de su tesoro propio 128 toneladas de oro para la construcción del templo. Él supo en dónde terminaba su propósito y dónde comenzaba el de su hijo. ¿Acaso no es mejor que los hijos empiecen donde los padres finalizan? ¿Cuánto le costará a un muchacho ir a ministrar a las naciones si no tiene un padre que lo envíe? ¿Cómo alcanzarán las nuevas generaciones sus metas si no los impulsamos? Esa es la conciencia que necesitamos tener. Al final de la vida de David, la Biblia relata:

> ¿Cómo alcanzarán las nuevas generaciones sus metas si no los impulsamos? Esa es la conciencia que necesitamos tener.

> "David, hijo de Isaí, reinó, pues, sobre todo Israel; el tiempo que reinó sobre Israel fue de cuarenta años; reinó en Hebrón siete años y en Jerusalén reinó treinta y tres. *Y murió en buena vejez, lleno de días, riquezas y gloria*; y su hijo Salomón reinó en su lugar".
>
> —1 Crónicas 29:26–28, LBLA, énfasis añadido

¡Qué gran final tuvo David! ¿Pudiera tratar de alcanzar un final así? ¿Desearía pedirle al Señor que así sea el final de sus días; que pueda decir: "Señor, he terminado la obra que me diste que hiciera"? De no ser así, ¿qué razón hay para continuar en la tierra? Si en el próximo año no hay gente siendo transformada, ni está habiendo impacto en aquello que Dios le mandó a hacer, ¿qué propósito tiene? ¿A qué le llamó Dios? ¿Cuál es ese grupo de personas o ese grupo social que Dios le llamó a alcanzar para ser transformado?

Estoy seguro que cuando mamá llegó a estar con Papá Dios, estaba tranquila. Creo que le pudo decir: "Levanté cinco hombres de Dios; eso fue lo que tú me mandaste a hacer. Por lo tanto, terminé la obra que me diste que hiciera. Incluso, toqué a mis nietos y bisnietos". Le pido a Dios que mientras lee este libro, descubra el propósito para el cual fue creado y lo empiece a vivir *hasta el último suspiro*.

Capítulo 7

CÓMO ENCONTRAR SU PROPÓSITO DE VIDA

"No hay personas que hayan logrado la trascendencia por sus pensamientos. Lo lograron a través de sus actos".

—JOHN MAXWELL

UNO DE LOS mentores que más ha marcado mi vida ha sido Kevin Leal. Hace muchos años, él me enseñó a realizar algunas preguntas, que con el tiempo he venido ampliando para ayudar a las personas a que descubran su propósito de vida. En el capítulo "En su interior" le compartí cómo la asignación que Dios le dio está dentro de usted. Es mi anhelo que por medio de estas preguntas, usted pueda "sacar a la luz" lo que ha estado desde siempre en su interior. Es mi oración que hoy usted viva el tercer día más importante de su vida, es decir, que descubra su propósito de vida.

Por favor, tome el tiempo necesario para que pueda desarrollar este capítulo. Si así usted lo decide, es posible que desde hoy comience a llevar a cabo la asignación para la cual Dios le creó. Esto es muy serio, muy trascendente.

Para facilitar el proceso, quiero utilizarme como ejemplo, por lo que voy a responder las preguntas con mi experiencia propia. Así podré generar un parámetro que le ayude a contestar cada pregunta de la mejor manera posible. Con la ayuda del Espíritu Santo, después de realizar este proceso, usted podrá llegar a redactar una frase que resuma de manera sencilla su asignación en la tierra.

Antes de empezar, permítame aclarar que no pretendo en pocos minutos finalizar una irresolución que ha tenido por años o décadas. Sin embargo, considero que este ejercicio le puede ayudar en gran manera a acercarse para encontrar este anhelado tesoro. Recuerde que solo deseo generar preguntas, pero quien mejor le conoce es su Creador. Él tiene la respuesta exacta. Por eso es vital que pida su dirección en este momento.

A continuación encontrará estas preguntas poderosas. Manos a la obra…

***

CUESTIONARIO PARA DESCUBRIR EL PROPÓSITO DE VIDA

1. ¿Qué le produce dolor, lamento o molestia como para querer cambiarlo? (Ej. un grupo de personas, situaciones, cosas que suceden, problemas en la sociedad)

Mi respuesta: En mi caso, hay tres tipos de personas y condiciones que me causan dolor y molestia: las personas que no conocen la paternidad de Dios, la gente que está en esclavitud financiera, y aquellos que no conocen su propósito de vida. Me duele ver a una persona que solamente existe y no vive para desarrollar su potencial, que trabaja todos los días solamente para pagar deudas, que piensa que su mayor aporte al reino es ser un siervo y no comprende que ser un hijo de Dios es lo más grande que puede llegar a ser.

2. ¿Por hacer qué estaría dispuesto a sacrificarse? (Ej. grupo de personas, situaciones por resolver, cosas que suceden, solución de problemas)

Mi respuesta: En muchos casos, me he tenido que separar de mi familia, hacer largos viajes, estar sin comer o no dormir muy bien, por enseñarles a las personas mencionadas antes, o dictar cursos, o por compartir con ellas. Creo que una conversación llena de preguntas poderosas marca a una persona para toda la vida.

3. ¿Qué cosas está dispuesto a hacer, aunque no le paguen por hacerlo?

Mi respuesta: En verdad, hoy en día lo hago. A las iglesias nunca les establezco tarifas por dictar mis conferencias o hacer seminarios. Amo la enseñanza, y ver que la gente tiene momentos de descubrimiento, cuando las personas ven que hay esperanza para alcanzar la libertad financiera, que son amados por Dios y que Él tiene planes para sus vidas, esa es mi mayor recompensa.

4. ¿Cuál es el tema del que Dios más le habla en la Biblia?

Mi respuesta: Puedo estar leyendo los libros de Números, Cantares o alguna epístola, y siempre voy a encontrar revelación y nuevos versos sobre los diseños de Dios para sus hijos, cómo manejar las finanzas, cómo administrar según el modelo bíblico, los planes que Dios tiene para su pueblo, etc. Como lo mencioné, lo resumo como los diseños de Dios.

5. ¿En qué tema o área tiene descubrimiento voluntario constante? (Al investigar, leer, capacitarse, estudiar)

Mi respuesta: Es evidente que los libros que más disfruto leer son los de liderazgo, administración y finanzas. Continuamente asisto a conferencias de liderazgo, y veo documentales o películas en las que puedo aprender sobre personajes que influenciaron y marcaron a la sociedad. Creo que los libros que he leído y la gente con la que me he involucrado o escucho con frecuencia han marcado una gran diferencia en mi vida. Aprendí que quien seré como persona en los próximos cinco años estará determinado por los libros que lea, las conferencias a las que asista y la gente a la que escuche.

6. ¿En qué área, o con qué personas o haciendo qué tiene el poder de resurrección? (Ej. cosas, grupos o personas que están muertas y vuelven a la vida, si se involucra con ellas)

Mi respuesta: Si me siento a hablar con una persona que está desenfocada, endeudada y no tiene clara su identidad como hijo de Dios, la vida y el poder del Espíritu Santo se va a manifestar. Es evidente que la gente que camina a mi lado y sigue los consejos, después del tiempo no va a estar endeudada, más bien, va a estar caminando en su propósito y teniendo clara su identidad como hijo o hija de Dios. El poder de resurrección en mí se manifiesta en las finanzas, la identidad y el propósito.

7. ¿Qué disfruta hacer para ayudar a otras personas?

Mi respuesta: Disfruto tener conversaciones en las que hago preguntas poderosas sobre la vida, el futuro, los sueños y los obstáculos que las personas están enfrentando para alcanzarlos. Me gusta hacerle ver a la gente lo que ha estado siempre allí y que nunca han visto. Disfruto ver en la gente lo que ellos no han visto y traer el orden a las finanzas de una familia. Disfruto poder brindar esperanza a los padres de que sus hijos podrán ir a la universidad, que podrán comprar una casa, o que no tendrán deudas.

8. ¿Haciendo qué cosas se siente energizado, emocionado, útil y satisfecho?

Mi respuesta: Hay muchos momentos que me vitalizan, por ejemplo, cuando escucho lo que Dios hace en la vida de las personas al asistir a una conferencia, leer un libro o ver uno de mis videos. Es aún muy especial cuando recibo testimonio de una familia más que salió de deudas, o cuando recibo un correo electrónico de alguien que me dice: "Descubrí mi propósito". Todo esto me hace sentir energizado, vitalizado. Puedo pasar horas hablando con los líderes, planeando cómo cambiar el mundo y traer los diseños de Dios a la tierra.

9. ¿Por cuáles talentos, habilidades o capacidades es felicitado con frecuencia?

Mi respuesta: Hay dos cosas que las personas celebran constantemente en mi vida: la capacidad de la comunicación al hablar en público, y la amena manera de escribir. Estas dos cosas causan que la gente pueda comprender que hay esperanza, que hay algo más, que no todo está perdido.

10. Si tuviera todos los recursos necesarios, ¿qué problema(s) resolvería?

Mi respuesta: Me dedicaría a diseñar e implementar medios para equipar a los líderes del mundo en tres temas: la identidad, la libertad financiera y el propósito de vida.

11. ¿Qué situaciones le han hecho sentir frustrado porque nadie parece prestarle atención?

Mi respuesta: Me frustra ver cómo la humanidad marcha hacia una inevitable bancarrota, donde nadie le enseña a los niños cómo administrar su dinero. Otro tema que me causa frustración es el sistema educativo tradicional, donde todos los niños son pasados por las mismas asignaturas como si fuera una fábrica de producción en serie, como si todos fueran iguales, como si tuvieran las mismas características, fortalezas y destrezas. Me molesta ver a millones de personas viviendo cheque a cheque, pensando que sus sueños (si acaso tienen) son inalcanzables.

12. ¿Cómo puede marcar una diferencia en otras vidas?

Mi respuesta: Creo que puedo hacer una diferencia, utilizando toda oportunidad que se me presente para enseñar sobre los temas que me apasionan y que han marcado mi vida. Creo que puedo generar un antes y un después en la vida de una persona con una simple conversación profunda.

Espero que mis respuestas como ejemplo le hayan servido. No pretendo que usted tenga una respuesta específica para cada una de ellas, es posible que pueda tener dos o tres temas que le conmuevan más que otros. Por eso es importante identificarlos.

Después de desarrollar el cuestionario, le pido que identifique el factor, o los factores, en común que encontró en las respuestas, y el grupo de gente a la que ha sido asignado, con la cual tiene influencia. A continuación, redacte una frase que incorpore estos factores comunes; escríbala iniciando así: *Mi propósito de vida es...*

En mi caso, sería:

Mi propósito de vida es equipar a esta generación para que encuentre su identidad, alcance la libertad financiera y descubra su propósito.

Qué le parece si ahora lo hace usted. Por favor, ore y tome el tiempo adecuado para desarrollar este ejercicio.

CUESTIONARIO PARA DESCUBRIR EL PROPÓSITO DE VIDA

1. ¿Qué le produce dolor, lamento o molestia como para querer cambiarlo? (Ej. un grupo de personas, situaciones, cosas que suceden, problemas en la sociedad)

_____

_____

_____

_____

2. ¿Por hacer qué estaría dispuesto a sacrificarse? (Ej. grupo de personas, situaciones por resolver, cosas que suceden, solución de problemas)

_____

_____

_____

3. ¿Qué cosas está dispuesto a hacer, aunque no le paguen por hacerlo?

_____

_____

_____

4. ¿Cuál es el tema del que Dios más le habla en la Biblia?

_____

_____

_____

5. ¿En qué tema o área tiene descubrimiento voluntario constante? (Al investigar, leer, capacitarse, estudiar)

_____

_____

_____

_____

6. ¿En qué área, o con qué personas o haciendo qué tiene el poder de resurrección? (Ej. cosas, grupos o personas que están muertas y vuelven a la vida, si se involucra con ellas)

_____

_____

_____

_____

7. ¿Qué disfruta hacer para ayudar a otras personas?

_____

_____

_____

_____

8. ¿Haciendo qué cosas se siente energizado, emocionado, útil y satisfecho?

_____

_____

_____

_____

9. ¿Por cuáles talentos, habilidades o capacidades es felicitado con frecuencia?

_____

_____

_____

_____

10. Si tuviera todos los recursos necesarios, ¿qué problema(s) resolvería?

_____

_____

_____

11. ¿Qué situaciones le han hecho sentir frustrado porque nadie parece prestarle atención?

_____

_____

_____

_____

12. ¿Cómo puede marcar una diferencia en otras vidas?

_____

_____

_____

_____

A continuación, redacte una frase que incorpore los factores comunes encontrados; escríbala iniciando así: *Mi propósito de vida es...*

_____

_____

_____

_____

Capítulo 8

MANOS A LA OBRA

"Aunque no todo lo que enfrentamos puede cambiar, nada
puede cambiar hasta que lo enfrentemos".

—JOHN MAXWELL

USTED ES UN regalo de Dios para el planeta Tierra. ¿Por qué? Porque su vida es una expresión del amor de Dios a la humanidad. Usted es el mejor para realizar algo, no hay nadie como usted para desarrollarlo. Está supuesto a ser celebrado en esos lugares donde llega para interrumpir el curso de la cosas. ¿Interrumpir qué? Siga leyendo para saber a qué me refiero.

Usted fue creado con un propósito. Desde antes de su nacimiento, trae una asignación de Dios. El diseño que tiene está ligado al propósito que Dios tiene para su vida. Esta asignación va más allá de sus deseos o sueños; no tiene que ver con un deseo egocéntrico de exaltación, fama o sobresalir. Todo lo que hemos hablado en este libro tiene que ver con los más íntimos deseos del corazón del Padre celestial para esta generación y las que están por venir.

> **Desde antes de su nacimiento, trae una asignación de Dios. El diseño que tiene está ligado al propósito que Dios tiene para su vida.**

Profundizar en su propósito e identificarlo completamente, probablemente, no sea tan sencillo como leer una vez este libro, asistir a una conferencia, ver un video, participar de un seminario o sentarse a charlar con cualquier persona. Desde mi punto de vista, se trata de un proceso. Quiero invitarle a que tome conciencia y, sobre todas las cosas, haga un compromiso con Dios de vivir de acuerdo al diseño que Él tiene para su vida.

Cuando empecé este proceso en mi vida, indudablemente, muchas cosas cambiaron; algunas de ellas, de manera inmediata, y otras, de forma paulatina. Al descubrir mi propósito de vida, se empezaron a manifestar unos beneficios que ni siquiera sabía que existían. Por eso, deseo compartir con usted lo que empezará a disfrutar una vez comience a caminar en el propósito de Dios para su vida.

Los siete beneficios de conocer el propósito

No podría ir a ningún otro lugar sino a la Palabra de Dios, y no puedo escoger a otra persona sino a Jesucristo para que veamos cómo estos beneficios de caminar en el propósito se manifestaron en su vida. Quiero advertirle algo: Posiblemente alguien pensará que algunos de estos beneficios no son "tan espirituales", pero créame, son espirituales. Hace años aprendí que si algo no es simple, no es espiritual. Muchas veces hemos visto, o hemos llegado a la conclusión de que lo complicado es lo espiritual. Yo no veo a Jesús enseñando nada complicado, más bien, veo a Jesús tratando de "des-complicar" lo que la ley había complicado. Así que, de alguna manera, nosotros debemos encargarnos de hacer exactamente lo mismo.

1. Vitalidad

Vivir en el propósito asegura que tenga una vida en la cual se manifiesta el poder de Dios; es decir, usted es vitalizado, energizado y no vive drenado. Aquellas personas que me conocen o que han viajado conmigo, muchas veces me dicen: "Pero es que tú no te cansas";

> Yo no veo a Jesús enseñando nada complicado, más bien, veo a Jesús tratando de "des-complicar" lo que la ley había complicado.

"pero es que, mira, tienes una reunión ahora y otra después; o "tienes que predicar temprano, y te acostaste tarde". Y aún así, yo como que salgo buscando ¿qué más tengo que hacer?, ¿con quién más tengo que reunirme?, ¿cuál es el siguiente líder a quien debo impactar?, ¿quién es esa "otra persona" que necesita descubrir su propósito y que está perdido? Caminar en el propósito, muy por el contrario de drenarle o cansarle, le energiza, le vitaliza, le impulsa. Si usted es de esas personas que cuando le preguntan: "¿Cómo estás?", responde: "Muerto, cansado, esto es demasiado duro, esto es muy difícil", es posible que no esté caminando en su propósito.

Dios no es un sádico. Desgraciadamente, la religión nos ha dicho que tenemos que sufrir para que seamos agradables delante de Dios. En otras palabras, como que si usted no la está pasando mal, entonces Dios no está agradado. ¿Quién dijo eso? Por el contrario, estamos supuestos a hacer aquello para lo cual fuimos diseñados, y al hacerlo, brinda alabanza a Dios. La Biblia lo dice:

> Los árboles no cantan, las montañas no cantan, el granizo tampoco lo hace, pero ellos alaban cumpliendo la función para la cual Dios los diseñó.

"Que toda cosa creada alabe al SEÑOR, pues él dio la orden y todo cobró vida. Puso todo lo creado en su lugar por siempre y para siempre. Su decreto jamás será revocado. Alaben al SEÑOR desde la tierra, ustedes, criaturas de las profundidades del océano, el fuego y el granizo, la nieve y las nubes, el viento y el clima que le obedecen, ustedes, las montañas y todas las colinas, los árboles frutales y los cedros, los animales salvajes y todo el ganado, los animales pequeños que corren por el suelo y las aves, los reyes de la tierra y toda la gente, los gobernantes y los jueces de la tierra, los muchachos y las jovencitas, los ancianos y los niños. Que todos

alaben el nombre del Señor, porque su nombre es muy grande; ¡su gloria está por encima de la tierra y el cielo!".
—Salmo 148:5–13, ntv

Este versículo puede ser algo extraño, ¡que los montes, las aves, los peces, el fuego y el granizo alaben a Dios! ¿Y qué hacen ellos para alabar? No salen diciendo: "Alabemos al Señor porque Él es bueno". ¡No! Esa es una simple canción. Los árboles no cantan, las montañas no cantan, el granizo tampoco lo hace, pero ellos alaban cumpliendo la función para la cual Dios los diseñó. Eso trae alabanza a Dios. ¿Entiende la importancia de descubrir para qué fue creado? Esa será la mejor alabanza y adoración que ofrezca delante de Dios.

Su propósito le va a empoderar, le hace sentir que quiere verdaderamente conquistar el mundo, y no hay nada de malo con eso. Muchas veces, al dirigirme a la congregación les digo: "Imagine ser parte de una iglesia donde todos y cada uno de sus miembros están cumpliendo el propósito para el cual Dios los diseñó. ¿Sabe cómo se llama esa iglesia? Presencia Viva". Por supuesto, no quiero que se quede simplemente "viviendo" una vida intranscendental, ni tampoco quiero que sea como nos enseñaban en biología, que nace, crece, se reproduce y muere. No, yo quiero hablar de un legado, de una herencia, de cómo usted interrumpe eso que está supuesto a interrumpir, de cómo transformar lo que está supuesto a transformar, de cómo sanar aquello que está supuesto a sanar, de cómo matar lo que está supuesto a matar. ¿Cómo así? Por ejemplo, yo nací para matar la deuda. Créame esto: hay una asignación que Dios le ha dado a cada persona.

Puedo comprobar lo que hablo cuando vemos la manera en cómo los apóstoles y el mismo Jesús estaban trabajando, cumpliendo con su labor. Eran incansables.

"Los apóstoles regresaron de su viaje y le contaron a Jesús todo lo que habían hecho y enseñado. Entonces Jesús les dijo: "Vayamos solos a un lugar tranquilo para descansar un rato". Lo dijo porque había tanta gente que iba y venía que Jesús y sus apóstoles no tenían tiempo ni para comer".

—MARCOS 6:30–31, NTV

Ellos habían descubierto su propósito a través de caminar con Jesús, y empezaron a realizarlo. Me impresiona la frase: "como no tenían tiempo ni para comer". Creo esto, si usted es de aquellos que está programando su retiro, no ha descubierto su propósito.

> **Hay una asignación que Dios le ha dado a cada persona.**

Una persona que ha descubierto el propósito va a querer cumplirlo hasta el último día de su vida. Permítame explicarme, no estoy hablando de no ahorrar o tener un fondo de retiro. Estoy hablando de las personas que sueñan con el día en el que se sentarán al frente de su casa en una silla mecedora a observar los carros o vecinos, y tan solo ver pasar el tiempo. Aunque respeto este anhelo, no lo comparto.

El pastor José Silva es uno de mis mentores, tiene 90 años, como él lo dice, "es de la generación de Caleb", pero hay que ver su pasión por Dios. Me encanta compartir tiempo con él. En una ocasión, después de escucharme enseñar, se acercó, me dio un beso y me dijo: "¡Gracias, tú no sabes cómo bendices mi vida; esto me empodera para seguir cumpliendo con mi propósito!". Guardo sus palabras

> **Una persona que ha descubierto el propósito va a querer cumplirlo hasta el último día de su vida.**

como un tesoro, porque estamos hablando de un hombre de 90 años y su propósito de vida. Puede que usted tenga 18, 25, 37 o 62 años, y ya está haciendo la cuenta regresiva para retirarse, ¡olvídelo! Hasta el último momento, debemos darlo todo. Como dice la escritura anterior: como no tenían tiempo ni para comer, pues era tanta la gente que iba y venía, Jesús les dijo: "Vengan conmigo ustedes solos a un lugar tranquilo y descansen un poco" [paráfrasis del autor].

No estoy hablando de que sea adicto al trabajo o un "trabajador compulsivo". Hablo de que las personas con propósito tienen tanta pasión por dentro que dicen: "las horas del día son cortas para hacer todo lo que tengo para hacer". Por esa razón, cuando descubre su propósito, sabe en qué invertir su tiempo y en qué no. Usted comprende lo valioso de ese recurso y no desea perderlo. Cuando usted conoce su propósito, sabe qué citas cancela y a quién le abre espacio en su agenda. Esto es muy importante, y lo he dicho antes, conocer el propósito le va ahorrar tiempo, dinero, y le evitará dolores de cabeza.

Algunas personas tendrán que echar por la borda a algunos "Jonás" de sus vidas para que se calme la tempestad en la que están metidos (ver Jonás 1:15). Hay gente en su vida que lo único que le causa son tempestades y temporales. En el momento en que los saque de su vida va a venir la paz. Quizás usted piense de mí: *¿Qué clase de pastor es usted?* Me puede preguntar, y yo le responderé: uno que conoce su propósito, y que ha leído la Biblia. Más adelante le hablaré sobre la gente asignada a su vida. Jesús no permitió que toda la gente anduviera con él, ¿por qué usted haría algo diferente? Mire lo que considero significa caminar en el propósito. Jesús dijo:

> "Vengan a mí todos ustedes que están cansados y agobiados,
>   y yo les daré descanso".
>
>   —Mateo 11:28

Permítame hacer una versión diferente de este versículo: Vengan a mí todos los que están trabajando fuera de su propósito, y yo les voy a dar descanso, poniéndolos a trabajar en el propósito.

> "Carguen con mi yugo y aprendan de mí, pues yo soy apacible y humilde de corazón, y encontrarán descanso para su alma. Porque mi yugo es suave y mi carga es liviana".
>
>   —Mateo 11:29–30

Básicamente Jesús dice: Si descubres el propósito que tengo para tu vida, será liviano y suave, a pesar de que te llamen las naciones de la tierra; será sencillo.

Lo vemos también en:

> "Pero cuando venga el Espíritu Santo sobre ustedes, recibirán poder y serán mis testigos tanto en Jerusalén como en toda Judea y Samaria, y hasta los confines de la tierra".
>
> —Hechos 1:8

Imagínese, esa es la fuerza más poderosa que pueda existir: el propósito impulsado por el Espíritu Santo. Por eso, el punto número uno: ¡usted es energizado y no es drenado! Algunos estarán pensando que "eso no es muy espiritual", ¡créame, lo es!

2. Satisfacción

Conocer el propósito le permite vivir con sentido de satisfacción, felicidad y plenitud. Tiempo atrás tuve la oportunidad de dictar algunas conferencias en el Senado de la República de Colombia. Al regresar el mes siguiente para dar la segunda sesión en el Capitolio, las personas empezaron a decirme:

> Algunas personas tendrán que echar por la borda a algunos "Jonás" de sus vidas para que se calme la tempestad en la que están metidos.

"Ya cancelé dos tarjetas de crédito"; "ya pude hacer la negociación con el banco"; "ya me estoy ahorrando tanto dinero al mes". Reportes como éstos no me llevan a pensar: *estoy deprimido, no hice nada, no valgo nada.* ¡No! Por el contrario, digo: "Qué bueno, valió la pena la visita, estoy haciendo una diferencia en la vida de muchas personas". Fue tanto el impacto, que el director de recursos humanos del Senado de la República me dijo: "¿Cómo podemos hacer para cuantificar lo que la gente ha ahorrado?". Él mismo fue el primero que se levantó y dirigió al público esa mañana, diciendo: "Déjenme decirle, tengo un oficina en la cual me di cuenta que tenía tres líneas telefónicas que no estaba utilizando, más una cuarta línea de fax. Las cancelé y me estoy ahorrando alrededor de 200 000 pesos colombianos". Si transferimos eso a dólares quizá estamos hablando de $70. Algunos dirán: "Pero eso no es nada". Pero si los sumamos, ¿cuánto sería al año, o en diez años? Entonces, eso a mí me produce satisfacción. El otro día recibí un correo electrónico muy alentador de Nicaragua, donde la persona me decía: "En tres meses saldé mis deudas". Eso no me deprime, sino que me hace sentir satisfecho, pleno. Hablar con uno de los muchachos y que me diga: "Descubrí mi propósito por medio de tus enseñanzas", eso me alegra.

Un día regresaba a Miami desde la ciudad de Dallas. Había podido cambiar mi vuelo por uno que salía muy temprano en la mañana, ya que deseaba ver a mi esposa e hija. Ese día, un extraño le agregó mucho más valor a las pocas horas de sueño. Estaba sentado en la primera fila del avión, él pasó a mi lado, me sonrió y siguió de largo. Pero algo le hizo regresar, a pesar de todas las personas que estaban detrás de él entrando al avión. Me miró y me dijo: "El día que le conocí y escuché, mi vida cambió para siempre. Le doy gracias a Dios por su vida". Acto seguido, desapareció en el fondo del avión. Desconozco su nombre, y escasamente le agradecí por sus palabras. No sé si le vuelva a ver, pero, créame, esa corta conversación la llevo grabada en lo más profundo de mi corazón.

Pensamos que este tipo de cosas no es espiritual, pero ¡sin duda lo es! Usted está supuesto a robarle sonrisas a Dios, pero también está supuesto a vivir una vida de felicidad. Con esto no estoy hablando de vivir como "Alicia en el país de las maravillas", tampoco estoy hablando de que no vaya a sufrir o no vaya a tener momentos difíciles. El problema surge cuando se vive permanentemente en ellos. Estamos supuestos a tener

> **Usted está supuesto a robarle sonrisas a Dios, pero también está supuesto a vivir una vida de felicidad.**

momentos de escaladas y momentos de bajadas. Ya los vimos al hablar de David.

También lo vemos en la vida de Jesús. En un momento excelente a nivel ministerial, los discípulos vinieron a darle el reporte de lo que había sucedido cuando Jesús los envió.

> "En aquel momento Jesús, lleno de alegría por el Espíritu Santo, dijo: 'Te alabo, Padre, Señor del cielo y de la tierra, porque habiendo escondido estas cosas de los sabios e instruidos, se las has revelado a los que son como niños. Sí, Padre, porque esa fue tu buena voluntad'".
>
> —LUCAS 10:21

¿Cómo estaba Jesús? Lleno de alegría. Algunos de nosotros hemos pensado que mientras más serios seamos más espirituales somos. ¿Cómo puedo saber que Jesús no tenía cara de limón? Porque los niños se le acercaban, tanto que los apóstoles les decían que no lo tocaran, que no lo molestaran (ver Lucas 18:15).

Nosotros estamos supuestos a vivir esa vida abundante que el Padre diseñó para nosotros. Estamos supuestos a encontrar poder, satisfacción, plenitud y gozo en lo que hacemos.

En el momento que escribo este capítulo, estoy a punto de salir para Orlando, Florida, para tener un tiempo de esparcimiento con el equipo de trabajo de Presencia Viva. Pasaremos unos días en los que jugaremos, cocinaremos, pasearemos, comeremos, y nos divertiremos todos juntos.

> Nosotros estamos supuestos a vivir esa vida abundante que el Padre diseñó para nosotros. Estamos supuestos a encontrar poder, satisfacción, plenitud y gozo en lo que hacemos.

Creo que Jesús también tuvo momentos como estos con sus discípulos. Este tipo de cosas también es espiritual, que pueda pasar tiempo con los hijos de mis colaboradores, que ellos puedan ver que soy una persona normal y que tengo una familia igual a la de ellos; eso es invaluable. De la misma manera, cuando realizamos congresos, eventos, seminarios, sanamos enfermos, liberamos a los endemoniados, también reímos y disfrutamos la vida juntos.

3. Provisión

Operar en el propósito de Dios para su vida, garantiza la provisión constante del Padre para aquello que le mandó hacer. Este es uno de los puntos que más me gusta compartir, que me emociona; no lo puedo decir de otra manera. Es posible que lo que voy a compartir a continuación sea muy fuerte para algunas personas, pero lo creo con todo mi corazón porque soy un fiel testigo de ello. Si un ministerio, negocio o emprendimiento *vive* en crisis financiera, dudaría si eso nació en el corazón de Dios. Vamos a comprobarlo con la Biblia:

> "Cuando llegaron a la casa, vieron al niño con María, su madre; y postrándose lo adoraron. Abrieron sus cofres y le presentaron como regalos oro, incienso y mirra".
>
> —MATEO 2:11

Creo que no puede existir mejor ejemplo que el mismo caso del Hijo de Dios. Jesús mismo experimentó la provisión de Dios para el sustento. Hubo un financiamiento del cielo para la misión que debía llevarse a cabo.

La tradición se ha inventado algunas cosas que pervierten esta historia. Por ejemplo, en algún momento alguien se inventó que eran tres hombres sabios, sus nombres, que uno de ellos era de la raza negra, y que venían con unos cofres pequeñitos con algo para entregárselos a Jesús. ¿Cómo podemos comprobar que todo esto no es real? La Biblia no lo dice. ¿Cómo yo puedo saber que esa imagen que nos han vendido no es real? Bueno, la Biblia nos dice que se armó un alboroto tan grande en Jerusalén que el rey se enteró. ¿Usted piensa que tres "pelagatos" con cofres pequeños hacen alboroto al entrar a una ciudad?

Hay un versículo en Isaías 60 que me hace meditar e imaginar cómo pudo haber sido este momento:

"Te llenarás con caravanas de camellos, con dromedarios de
Madián y de Efa. Vendrán todos los de Sabá, cargando oro
e incienso y proclamando las alabanzas del Señor".

—Isaías 60:6

Caravanas de dromedarios y camellos vienen cargadas con oro e incienso. Eso es lo que yo creo que sucedió con Jesús. Fue tanto el alboroto, era tan grande la caravana, que el rey inquirió: "¿Qué es lo que está pasando? Mándenme a llamar al que esté organizando eso". Uno de ellos le dice: "Es que ha nacido el rey de los judíos, y hemos venido a adorarlo" (ver Mateo 2:2). Hemos pensado que Jesús se la pasó sin recursos toda la vida, sin embargo, desde pequeño, Dios le mandó oro, incienso y mirra. Si camina en el propósito para el cual Dios le diseñó, va a tener un cheque en blanco del cielo.

> Si camina en el propósito para el cual Dios le diseñó, va a tener un cheque en blanco del cielo.

No para sus locuras, ni caprichos ni para lo que se le ocurra, sino para aquello para lo cual Dios le asignó a hacer.

Corría el 2008 cuando comencé este proceso de viajar a diferentes países, y de empezar hablar sobre el tema de las finanzas. Estaba por hacer el primer viaje a Canadá, ya había ido a otros países en América Latina, pero era la primera vez que iría a este país. Estaba saliendo del templo, y se me aproximó una señora quien me entregó un cheque por trescientos dólares, y me dijo: "Esto es para su viaje". Yo le agradecí su gesto, y me dijo: "Es que yo soy testigo de la transformación de mis finanzas y de cómo he alcanzado la libertad financiera; ahora quiero aportar para lo que usted está haciendo en otros lugares. Quiero que más gente viva lo que yo estoy viviendo".

Estábamos preparados para hacer el viaje; en esta ocasión, iba con mi esposa y también nos estaba acompañando Ithamar Urdaneta, una discípula que se desempeña como coach y conferencista. Llegamos al mostrador de la aerolínea, y al registrar las maletas, la persona me dijo: "Son ciento cincuenta dólares". Le pregunté: "¿Cómo así?, ¿por qué me cobra? Me respondió: "Son cincuenta dólares por cada maleta". "¡Pero si este es un viaje internacional! ¡A mí nunca me cobran la maleta en un viaje internacional!", protesté. Él me aclaró: "Los viajes a Canadá se tratan como si fueran viajes domésticos, así que son ciento cincuenta dólares por las tres maletas". Por lo tanto, tenía que pagar ciento cincuenta dólares de ida, y ciento cincuenta de regreso. ¿Recuerda de cuánto fue el cheque que me entregaron antes de salir de viaje? Dios pagó por anticipado los imprevistos de este viaje. Es día aprendí que Dios le habla a la gente para que financien aquello que Él le mandó hacer.

> **Dios le habla a la gente para que financien aquello que Él le mandó hacer.**

El Padre nunca dejó de proveer para el ministerio de Jesús:

> "Después de esto, Jesús estuvo recorriendo los pueblos y las aldeas, proclamando las buenas nuevas del reino de Dios. Lo acompañaban los doce, y también algunas mujeres que habían sido sanadas de espíritus malignos y de enfermedades: María, a la que llamaban Magdalena, y de la que habían salido siete demonios; Juana, esposa de Cuza, el administrador de Herodes; Susana y muchas más que los ayudaban con sus propios recursos".
>
> —Lucas 8:1–3

En adición, ¿qué fue lo que sucedió en el momento en que Pedro necesitaba pagar los impuestos? ¿Acaso Jesús no le dijo: "Ve saca un pescado y ahí encontrarás una moneda de oro para pagar tu impuesto y el mío" (ver Mateo 17:27).

Incluso, el entierro de Jesús fue como el de un rey. La cantidad

de especias usadas para ungirlo eran dignas de la realeza solamente.
Y qué hablar de la capa que usaba. Según la Biblia, era de un solo
tejido, algo muy costoso (ver Juan 19:23). Jesús no pensaba en si
era rico o pobre, el tema es que Él sabía para qué eran los recursos.
Él era un centro de distribución y no una bodega para almacenar
cosas.

Quiero cerrar este punto compartiendo con usted sobre lo que
más sorprende a las personas que nos conocen y visitan Presencia
Viva. En el 2011, Dios nos instruyó a iniciar esta congregación en
la ciudad de Doral en Miami, Florida. Una de las instrucciones
más claras que Dios nos habló, y obedecimos con mi esposa, fue la
de no pedir diezmos ni ofrendas en nuestra reuniones. Hasta el
día de hoy, después de casi siete años de operación, nunca ha existido un momento en el que alguien se levante a recordarle a la
iglesia su obligación o deber para con Dios en este tema. No tenemos un momento de motivación o exhortación en nuestras reuniones para pedir dinero; nunca lo ha habido porque así Dios nos instruyó.

> Jesús no pensaba en si era rico o pobre, el tema es que Él sabía para qué eran los recursos.

Lo interesante de esto es
que nunca ha hecho falta ni
un solo dólar para llevar a cabo la misión que Él nos mandó a
hacer. Por el contrario, hemos podido donar cientos de miles de
dólares a ministerios, familias y personas en las que hemos creído
que es adecuado invertir. Hicimos dos renovaciones al local de
reunión con costos que superaron los trescientos mil dólares y, adicionalmente, acabamos de comprar nuestro edificio propio por un
monto superior a los tres millones de dólares, ¿Cómo? Yo lo digo
de esta manera coloquial: Si Papi invita, Papi paga. Si el Padre le
envió a hacer algo, Él le dará los recursos para llevar a cabo la obra.

4. Equipo de trabajo

Caminar en el propósito garantiza que encuentre la gente que
Dios ha asignado para que le acompañe, y la gente a la cual usted

ha sido asignado. Son dos cosas diferentes, hay personas que se unirán a su grupo, pero también usted se unirá a otros para causas mayores. Estoy convencido de que si usted no camina en su propósito, será invisible. ¿Invisible a qué? A la gente que está supuesto a encontrar.

Hace un tiempo atrás, una empresa de telefonía celular emitió un excelente comercial en el que argumentaban que,

> **Si el Padre le envió a hacer algo, Él le dará los recursos para llevar a cabo la obra.**

si no se tenía una buena señal en su teléfono, podía perder momentos muy importantes en la vida. La escena era sencilla. Al descender por la escalera del frente de su casa, un muchacho estaba concentrado viendo su teléfono y tratando de buscar señal, en tanto, frente a él pasaba quien estaba supuesto a ser el amor de su vida. Pero, por estar mirando el teléfono, nunca la vio. La segunda escena era igual, pero con un teléfono que tenía señal, y entonces pudo ver a la muchacha con quien, al final del comercial, se casó. Sabe algo, creo que caminar en el propósito es muy similar a este comercial. Las personas están tan ocupadas buscando lo que no deben, que les pasan por el frente aquellas personas que están supuestas a caminar junto a ellos y no las ven. Sin embargo, el tener una buena "señal" de propósito causa que estemos atentos a esos contactos celestiales que no podemos dejar pasar.

¿Sabe cuál es una de las cosas que más me repiten cuando llego a los lugares? "Me habían hablado de usted", me dicen. En algunos casos, las personas han tenido sueños, incluso hasta antes de conocerme. Desde que fui invitado al Senado de la República de Colombia, como les conté antes, mucha gente me ha preguntado: ¿Cómo fue que le invitaron a ese lugar?". Siempre respondo de

> **Las personas están tan ocupadas buscando lo que no deben, que les pasan por el frente aquellas personas que están supuestas a caminar junto a ellos y no las ven.**

la misma manera: "¿Sabe qué hice? Nada, tan solo operar en mi propósito".

Anteriormente, alguien me había llamado y me dijo: "Queremos preparar una conferencia sobre su libro, ¿le importa cuánta gente vaya?". Le respondí: "No, no me importa; lo que me importa es poder hablar de aquello para lo cual Dios me creó". Esta persona organizó una pequeña conferencia, a la cual a lo sumo asistieron veinticinco personas. Esa noche salí de allí, y a los treinta minutos me llegó un texto: "Entre los asistentes a la conferencia de esta noche, estaba una persona con un cargo muy importante en el Senado de Colombia, quien me pregunta si usted puede almorzar mañana en el Capitolio". Al día siguiente, estaba almorzando con la persona en mención, y me dice: "Mi vida anoche fue impactada y Dios me habló algo. Él me dijo que desde la posición donde Él me ha puesto, tengo que presentarlo ante el gobierno de Colombia". De regreso a su oficina, nos detuvimos por un momento frente a la ventana y ella oró: "Padre, en este momento, por la autoridad que tú me diste, y desde la posición que tengo, presento al pastor al gobierno de Colombia. Te pido que tú abras las puertas que tengas que abrir". Treinta minutos después, estaba sentado con el director de Recursos Humanos. Me empecé a preguntar qué hacía allí, cuando él me expresó: "No puede ser, tengo un problema gravísimo de deudas con los empleados. Entre los empleados del Congreso hay una deuda de más de siete millones de dólares en tarjetas de crédito y deudas de consumo, ¿pudiera usted venir?".

> Al identificar para qué lo creó Dios, algo sucede en su interior y empieza a identificar a la gente que ha sido asignada a su vida, y a la gente a la que usted está supuesto servir.

Así como esta, son tantas las historias que pudiera compartir con usted con respecto a este tema. Pudiera decir que cada persona de trascendencia en mi vida ha venido por un contacto, por alguien que le habló de mí, porque me llegó una invitación inesperada, y así sucesivamente. Pero a la vez estoy seguro que, si no estuviera caminando en mi propósito, no conocería a ninguna de estas personas que ha abierto las puertas o generado nuevos contactos inimaginables para mí.

De la misma manera, al identificar para qué lo creó Dios, algo sucede en su interior y empieza a identificar a la gente que ha sido asignada a su vida, y a la gente a la que usted está supuesto servir. Los apóstoles entendían claramente este punto. Pablo expresó en Gálatas 2:7 que él era un apóstol llamado a predicar el Evangelio a los gentiles, así como Pedro fue llamado a los judíos. El apóstol Pablo es el ejemplo perfecto de cómo nosotros nos debemos comportar. Él llegó a Atenas, una de las ciudades más religiosas y más idólatras, que tenían todo tipo de dioses. Eran tan religiosos que tenían un altar y abajo decía "al Dios no conocido". Básicamente, ellos estaban diciendo: "por si acaso nos falta algún Dios por adorar, ahí está este altar". Me imagino qué habría sucedido si él hubiera sido un ministro religioso o una persona legalista que llega a Atenas. Seguramente hubiera dicho: "¿Acaso no han oído que Dios dijo que no se debe hacer ninguna imagen, ni semejanza de nada creado para adorarlo? Ustedes son unos idólatras, se van a ir al infierno, son unos pecadores". ¿Qué hizo Pablo? ¿Cuál fue su aproximación? Él les dice: "Ciudadanos atenienses, veo que ustedes son gente muy religiosa, veo que incluso tienen un altar al Dios no conocido; de ese mismo les vengo a hablar" (ver Hechos 17:22–23).

Cuando una persona no conoce quién le ha sido asignado, puede levantar paredes en vez de construir puentes. Dios no le puso en la posición donde está porque sí, usted es una respuesta para ese ámbito de la sociedad y Él le va a dar la gente para que pueda cumplir con el propósito para el cual Él le creó.

Por ejemplo, veamos el caso de Jesús:

"Al día siguiente Juan estaba de nuevo allí, con dos de sus discípulos. Al ver a Jesús que pasaba por ahí, dijo: ¡Aquí tienen al Cordero de Dios! Cuando los dos discípulos le oyeron decir esto, siguieron a Jesús".

—Juan 1:35–37

En la iglesia moderna, algunos pastores han tomado a sus congregantes como si fueran un ganado. Las personas reciben a Jesús como Señor y Salvador y pareciera que los ministros sacan un sello similar al que se utiliza para marcar el ganado. Entonces, desde ese momento hay algo implícito que dice "me perteneces, eres mío". La gente le pertenece a Jesús, y si usted es un pastor debe entender que puede haber personas que son asignadas a su vida por una temporada para luego ir a otra. Si no se aprende a identificar esos tiempos, mantendremos a la gente con una falsa lealtad, quizás manipulándoles para que continúen a nuestro lado cuando la nube de Dios ya se movió para ellos y deben ir a otro lugar.

> Entendí que la gente no es mi posesión, es posesión de Jesús.

Le pregunto, ¿de dónde sacó Jesús su iglesia, sus discípulos? Déjeme contestarlo de esta manera, ellos salieron de la iglesia de Juan el Bautista, de la sinagoga, de los fariseos, de diferentes lugares, y hasta de otros líderes. Tuve que llegar a entender, como líder, que en la vida no toda la gente va a caminar conmigo por siempre. Es posible que yo esté presente en la vida de ciertas personas solo por periodos de tiempo, quizás dos o tres o cinco años, y que durante ese tiempo, Dios me permite agregar a sus vidas, equiparlos, entrenarlos, porque están asignados a otro hombre de Dios. Así que aprendí a celebrarlo. Entendí que la gente no es mi posesión, es posesión de Jesús. Y si en algún lugar los están esperando para que puedan cumplir su propósito, ¡gloria a Dios! Les envío en bendición. No veo envidia en Juan el Bautista, ni reclamo cuando su gente encontró a Jesús y le dejaron. Él entendió que su tiempo con ellos había terminado, ellos ahora debían caminar con Jesús.

5. Conversaciones constantes

Caminar en su propósito garantiza tener una conversación constante con el Padre celestial. No estoy hablando del tipo de conversación de Padre a hijo que todos estamos supuestos a tener en nuestro diario vivir. Más bien estoy hablando de una conversación en la cual el Padre celestial, Jesús y el Espíritu Santo le revelen cosas específicas para su asignación. Usted quizás se sorprenda cuando le digo que lo que encuentro al abrir la Biblia es liderazgo, propósito, finanzas e identidad por todos lados. Si Dios me asignó para sanar algo, me va a hablar y a revelar sobre los propósitos de su corazón. ¿De qué hablé durante 12 horas en el Congreso de la República? De la Biblia. ¿De dónde salió todo? De lo que Salomón y Jesús nos enseñaron. ¿Utilicé versículos? No, el tema no es ese. El tema es que Dios va a tener una conversación constante con usted sobre el área que Él le asignó.

Uno de los problemas más grandes que tenemos en la Iglesia hoy día es la mentalidad de que la Biblia solo funciona en el ámbito "eclesiástico", pero no es así. Usted puede tener acceso y revelación para cualquier área de su vida. La Biblia es la fuente más grande, más sagrada, más bella, más pura. He compartido muchas veces con personas que están en las leyes, en el gobierno, en la medicina, y es increíble como todos ellos encuentran en la Biblia una fuente de sabiduría, consejo y conocimiento.

> **Dios va a tener una conversación constante con usted sobre el área que Él le asignó.**

Dios nos dice: "Yo voy a garantizar una conversación de tal manera que tengas un descubrimiento (revelación) constante en el ámbito y aspecto para el cual yo te asigné". Lo podemos ver en la vida de Jesús:

"Yo no puedo hacer nada por mi propia cuenta, juzgo sólo según lo que oigo, y mi juicio es justo, pues no busco hacer mi propia voluntad sino cumplir la voluntad del que me envió".

—Juan 5:30

Jesús tenía una conversación constante con el Padre celestial, no tan solo en el ámbito de la vida de devoción, sino en la del ministerio o propósito. Iba donde Él le indicaba, sanaba a los que el Padre les decía, cambiaba de planes según el Espíritu le guiaba.

Usted está supuesto a vivir exactamente lo mismo. Cuán espectacular sería que pueda vivir escuchando qué es lo próximo que viene para su vida, porque tiene un susurro permanente de parte del Padre celestial. Cuando no está caminando en el propósito, le va a suceder como cuando una persona tiene un plan de datos ilimitado en su ciudad pero viaja a otro país. Si a usted le ha sucedido, ¿qué es lo que pasa? Tiene que estar buscando una red wi-fi para poder conectarse a la internet, descargar correos electrónicos, etc. Usted está supuesto a tener un plan de datos celestial constante, como cuando está en su ciudad, no solo para conectarse cuando está en la iglesia o en algunos eventos o conferencias. Para las personas que no están caminando en el propósito es difícil creer que Dios habla de esta manera.

> Cuán espectacular sería que pueda vivir escuchando qué es lo próximo que viene para su vida, porque tiene un susurro permanente de parte del Padre celestial.

6. Oportunidades

El legendario coach de básquetbol, John Wooden, expresó: "Cuando la oportunidad llega, es demasiado tarde para prepararse".[1] No imagina cuántas personas he encontrado que me dicen que no se les han presentado las oportunidades, que nada les sale bien, que a ellos no les pasan las cosas buenas como a otros les suceden. Uno de los factores comunes que he visto en este tipo de personas es que no saben en dónde están, ni para dónde van. Si algún día podemos hablar en persona, una de las preguntas que le voy a hacer es respecto a qué sueños tiene, en dónde espera estar en los próximos cinco o diez años, qué le apasiona, etc. Un par de buenas preguntas me permite evaluar con qué tipo de persona estoy hablando. Permítame ser claro, si usted no conoce su propósito, no es que no se les presenten las oportunidades, es que usted no las ve cuando les pasan por el frente. De la misma forma, como le dije en el punto anterior, que la gente se vuelve invisible a ciertas personas cuando no camina en el propósito, así las oportunidades que lleguen a su vida serán invisibles. Estas personas pensarán que no las tienen, y en algunos casos hasta les causarán incomodidad.

> **Si usted no conoce su propósito, no es que no se les presenten las oportunidades, es que usted no las ve cuando les pasan por el frente.**

El autor de éxitos de librería en temas de liderazgo, John Maxwell, dijo: "Las oportunidades se multiplican porque son aprovechadas".[2] Muchas han sido las oportunidades que he tenido de predicar en lugares porque necesitaban a alguien que hablara precisamente de los temas a los que me dedico. Es lógico que si no estuviera capacitado en estas áreas pues, sencillamente, esas invitaciones no hubiesen existido. Las entrevistas de radio, los programas de televisión, las conferencias, los libros escritos han sido oportunidades aprovechadas en el momento preciso.

7. Respaldo de Dios

La mejor manera de resumir estos beneficios es dejándole saber que Dios estará acompañando con su respaldo a los hijos que caminan en su propósito. ¿Recuerda la historia de David y Goliat? Siempre me ha llamado la atención la conversación que se llevó a cabo en el campo de batalla:

"David le respondió al filisteo: —Tú vienes contra mí con espada, lanza y jabalina, pero yo vengo contra ti en nombre del SEÑOR de los Ejércitos Celestiales, el Dios de los ejércitos de Israel, a quien tú has desafiado".

—1 SAMUEL 17:45, NTV

En esencia, David le dice a Goliat: "Yo no estoy viniendo contra ti con una agenda personal. Estoy en esta batalla por una asignación divina; esto lo estoy haciendo porque vengo en el nombre del Señor de los Ejércitos, y por eso sé que obtendré la victoria". En efecto, así ocurrió.

> Dios estará acompañando con su respaldo a los hijos que caminan en su propósito.

¿No le parece impresionante saber que donde quiera que usted vaya cumpliendo su propósito puede tener la certeza de que no es su agenda personal la que está representando, sino que usted entra a esos lugares siendo un representante del cielo?

Piense por un momento en lo siguiente: ¿cómo se sentiría haciendo una labor en la que...?:

1. ¿Está vitalizado y con energía todo el tiempo?

2. ¿Se siente feliz, pleno y satisfecho?

3. ¿Le pagan o financian por hacerlo?

4. ¿Trabaja con gente como usted, con sus mismas pasiones y anhelos?

5. ¿Dios le habla constantemente al respecto?

6. ¿Se presentan oportunidades de influenciar constantemente?

7. ¿Tiene el respaldo de Dios?

PALABRAS FINALES

⟨⟩

¿CÓMO SERÍA SU vida? ¿Le estoy hablando de algo muy lejano? Claro que no, está dentro de usted. Tome la decisión de que la tumba no le robe su propósito, ni la marca que tiene que dejar en su paso por la tierra. Pero, sobre todo, tenga en mente que todo esto se hace para agradar a nuestro Padre celestial. Recuerde que se trata de su propósito eterno y no tan solo de caprichos o gustos efímeros individuales. Todo el tema de propósito tiene que ver, como muy bien lo decía el Dr. Myles Munroe, con un Rey que tiene una familia real y que busca establecer su Reino.

Al enfrentar un momento en el que por poco pierde su vida, John Maxwell meditó sobre su caminar y escribió: "Descubrir y cumplir mi propósito me ha permitido vivir mi vida sin remordimientos".[1]

Quiero terminar este libro compartiendo el versículo que más me ha impactado en los últimos años de mi vida. Me ha dejado comprender lo que he recibido de parte de Dios y por qué razón puedo hacer todo lo que Él me ha mandado a hacer en la tierra.

> **Tome la decisión de que la tumba no le robe su propósito, ni la marca que tiene que dejar en su paso por la tierra.**

"Toda la plenitud de la divinidad habita en forma corporal
en Cristo; y en él, que es la cabeza de todo poder y autoridad, ustedes han recibido esa plenitud".
                                        —COLOSENSES 2:9-10

Espero que pueda dimensionar lo que ha recibido y lo mucho
que hay dentro de usted. Recuerde, usted es la respuesta a una
oración de alguien en algún lugar. Viva para lo que fue creado por
el Padre celestial. Termine su vida como la terminó Jesús, totalmente vacío; Él derramó toda su sangre, es decir, su vida misma,
lo entregó todo, no se reservó nada. Al final de su corto paso por
la tierra, en el momento de su último suspiro, experimentará la satisfacción de ver la sonrisa de su Padre celestial cuando le reciba
en el cielo en tanto le dice: "Bien hecho, hijo, bienvenido".

ZONA DE GENIALIDAD

por Ana Paola Cano

AHORA QUE HA decidido conocer su propósito y ya tiene una mejor idea de *qué andaba en la mente de Dios cuando estaba pensando en usted,* tal como nos lo enseñó el pastor Edwin, retomemos las preguntas del capítulo 7. Junto con las pautas a continuación, atrévase a replantear su tarjeta de presentación, compare, elija y sea el mejor en "lo suyo", es decir, a funcionar, a brillar en su zona de genialidad (ZG).

CUBIERTOS RELUCIENTES

Hasta trece cubiertos puede tener un puesto servido de manera formal. Por ejemplo, el tenedor y el cuchillo para comer pescado son diferentes a los utilizados para consumir carne. Hay una cucharita para comer postre y otra para el consomé, y aunque ambas son "pequeñas", entre ellas hay diferencias, ¿las conoce?

Supongo que un día, los expertos en el tema decidieron "especializar" cada herramienta, y ajustando las formas, revisando los usos y reconociendo las necesidades, terminaron con una colección tal que muchos nos sentimos medio perdidos al no advertir de inmediato el propósito de cada cubierto. Sí, son tenedores, son cucharas y son cuchillos convencionales, pero incluso usted podría decidir comerse todo con una cuchara, es decir, "resolver como pueda". Sin embargo, se verá en aprietos a la hora de cortar o trinchar, porque simplemente las cucharas no fueron pensadas para eso. Si supiéramos la especialidad de cada diseño, podríamos disfrutar mejor nuestra cena.

EL *TRANSFORMER* Y YO

Algo similar pasa con usted y conmigo. Existe una zona de genialidad donde funcionamos mejor, siendo más productivos y experimentando una mayor satisfacción. Necesitamos conocernos bien, identificar las complejidades para reconocer el factor diferenciador que nos hace únicos entre una multitud, y así ponernos al servicio e incluso asociarnos de forma acertada. Permítame ilustrarlo con un ejemplo de mi vida.

Cuando mi esposo y yo conocimos a los pastores Edwin y Maribel en el 2012, ellos comenzaban el proceso de constituir Presencia Viva. Como es natural de una iglesia nueva, no había equipo de alabanza, sino un buen sonido y un *playlist* en el teléfono del pastor. Un día, enterándose que yo podía "tocar piano" y mi esposo la guitarra, no sintiéndome muy segura del asunto y creyéndome con insuficiente conocimiento como para dirigir la ministración de la iglesia, el pastor Edwin llegó con un teclado para profesionales. Yo lo veía como un *"Transformer"*, con cantidad de botones, efectos, sonidos, como ocho octavas, ese teclado ofrecía todas las posibilidades del mundo. Dada mi hiperbólica imaginación y bromeando, llegué a decir que no me necesitaba para hacer música, que de noche se convertía, como si tuviera vida propia, autosuficiente, que se "manejaba" solo, como Optimus Prime o Bumblebee. Era tan hermoso que me intimidaba, pero ahí estaba frente a mí, ¡me había sido confiado semejante instrumento!

¡Qué responsabilidad! Confieso que nunca leí el manual, aprendí en el camino, por ensayo y errores. Sin embargo, y pese a mi inseguridad (aunque me sentía desafiada y contenta), formamos el primer equipo de alabanza (con instrumentos) de Presencia Viva. Pasó algún tiempo y el nivel comenzó a elevarse, el acento especial de la iglesia en la adoración era trascendental, y ya me estaba quedando "corta". Se necesitaba nuevo talento, con más conocimiento, con disciplina, con sensibilidad, con nuevas propuestas, y tuve que aceptar que esa no era mi zona de genialidad. Que aunque podía "resolver", no se trataba de eso, la idea era "brillar". Ahora entiendo mejor que aunque nos sintamos "listos" para hacer o asumir algo, y seguramente salgamos adelante, no necesariamente seremos los mejores. Dicho de otro modo: una cosa es estar "listos" y otra diferente es estar "listos para ser los mejores".

El mundo de hoy es de especialistas, y en ese orden de ideas, yo no estaba en disposición de convertirme en la mejor pianista. Ya estaba siendo "cuchara" a la hora de comer carne. Sí, podía tocar, puedo leer una partitura y seguramente la misericordia de Dios hizo que me sonara bonito en algunas ocasiones. Sin embargo, no me sentía como "pez en el agua", esa zona era parte de otra asignación de Dios en la vida de alguien más. Pasado algún tiempo, llegó Alex, un joven extremadamente talentoso, con una disposición increíble, quien además nunca había tocado música cristiana. Comenzamos a reunirnos, le transmití mis "descubrimientos", le cedí mi carpeta llena de canciones y ojalá pudieran ver quién es Alex hoy. Han pasado algunos años y ese muchacho, además de que toca espectacular, cumple con la expectativa de ministrar, tiene un corazón para el Señor que reluce e incluso es uno de los líderes de jóvenes de Presencia Viva. Ahora sí

> **Aunque nos sintamos "listos" para hacer o asumir algo, y seguramente salgamos adelante, no necesariamente seremos los mejores.**

ese teclado es usado en su totalidad porque alguien lo está interpretando desde su zona de genialidad; Alex estaba listo para ser el mejor.

La parte triste de la historia es que jamás volví a encontrarme con ese hermoso teclado. Sin embargo, puedo decir que he descubierto mi zona de genialidad, a tal punto que incluso puedo definirla en pocas líneas: "Inspirar decisiones acertadas (espirituales)

por medio de contenidos creativos", y la mayor parte del tiempo lo
logro a través de las palabras. Puedo comunicarme con facilidad, y
aparte me gusta descubrir puntos de vista y propuestas que posiblemente a nadie se le hubieran ocurrido antes. Hoy, por ejemplo,
escribo musicales de Navidad, un periódico de principios de vida,
materiales de entrenamiento y, en el intermedio, todo lo que haya
que "componer con palabras". ¡Me gusta! Puedo destacarme ahí,
puedo aportar algo diferente y me sale natural. Por ejemplo,

> **Dios quiere que usted sea original
> y viva convencido de que su
> diseño responde a cosas grandes.**

que el autor de este libro me
permitiera formar parte de él
me confirma que efectiva-
mente existe un depósito en mí que vale la pena compartir. ¡Gracias, pastor Edwin!

Por eso, Dios quiere que usted sea original y viva convencido de
que su diseño responde a cosas grandes.

ZONA DE CONFORT O DE GENIALIDAD

En la zona de confort no hay novedad; ve lo que está acostumbrado a ver, oye lo que prefiere oír, habla los mismos temas, los hábitos no cambian y, aunque es consciente de que algunos de sus
asuntos necesitan mantenimiento, "¡bah!, no es para tanto", "eso
puede esperar". Es posible que usted no sea una persona que dis-
frute el cambio, el riesgo, el intentar algo nuevo para comprome-
terse con eso, y ¿sabe? La idea no es juzgar, sino tan solo plantear
otro punto de vista. Lo peligroso de quedarse en la zona de confort es que, en ocasiones, el "temor" y la "ignorancia" paralizan,
cortan las alas y nos dejan recalculando una y otra vez el panorama sin nunca dar "el paso". ¿Es su caso? Nos conformamos fácilmente, hasta nos damos el lujo de ser mediocres, porque a lo mejor
no tenemos idea de que estamos equipados para algo más. Re-
flexionando sobre lo anterior y hablando con personas, encuentro
que hay quienes eligen apagar sus sueños, porque de esa manera

no hay que esforzarse por alcanzarlos. La "pereza" no es un problema únicamente de los adolescentes, al parecer crece a la par.

Hablar de "genialidad" es referirse a la capacidad y facilidad que tienen algunas personas para crear o inventar cosas nuevas y admirables o para realizar alguna actividad de forma brillante. Entonces, la zona de genialidad es el punto donde confluyen los componentes más importantes de la vida, que hacen posible identificar el sentido de su existencia y a lo que se puede dedicar, su misión. La belleza de conocer la ZG radica en que se es consciente de que cada uno es un ser exclusivo, único, cien por ciento singular, sin necesidad de compararse o

> Lo peligroso de quedarse en la zona de confort es que, en ocasiones, el "temor" y la "ignorancia" paralizan, cortan las alas y nos dejan recalculando una y otra vez el panorama sin nunca dar "el paso".

acomplejarse porque otra persona sea como sea. Además, puede elegir a qué decir "sí" y a qué "no", integra toda su vida, y finalmente lo protege de convertirse en alguien que no es.

EL DESPERTAR DEL "PARA QUÉ"

Antes de acompañarlo a desarrollar su ZG, debe convencerse de que su *historia* juega un papel fundamental como ya hemos aprendido al inicio de este libro. Aunque no haya sido muy sencilla o esté llena de circunstancias difíciles, partamos del hecho de que su historia no es un secreto para Dios y es necesaria para el cumplimiento de su llamado. La personalidad, los valores, las relaciones clave, los recursos que tiene (tiempo, dinero, ideas), la temporada de la vida en la que está, son factores que van delineando el camino a descubrir su "zona de genialidad", es más, son su fundamento.

COMPONENTES DE LA ZONA DE GENIALIDAD

Traiga a su mente el punto de intersección entre cuatro conjuntos, esa es la zona de genialidad que va a sacar a la luz ese "tema favorito" en el que usted es un especialista y debería desempeñarse. Hablemos de los conjuntos:

1. Las habilidades y los conocimientos

2. Las pasiones

3. Los dones espirituales

4. La necesidad

Las habilidades y los conocimientos. ¿En qué se desempeña con excelencia? ¿Para qué es bueno? ¿En qué se destaca? ¿Qué ha estudiado? ¿En qué área ha sido entrenado? ¿Qué sabe? ¿En qué tema se "mueve" con facilidad? A continuación, algunos verbos que le pudieran ayudar a iniciar sus respuestas: aconsejar, actuar, administrar, aprender, ahorrar, ayudar a otros, buen trato, hacer múltiples tareas a la vez, escuchar, arreglar cosas, cocinar, ser creativo, decorar, diseñar, enseñar, discipular, escribir, expresar, hábil con la tecnología, hacer reír, jardinería, dibujar, planear eventos, organizar, calcular, jugar deportes, poner bombillos, hacer empanadas, tocar un instrumento, desempolvar su casa, etc.

Las pasiones. ¿Cuáles son sus pasiones? En este punto, le recomiendo que resuelva las doce preguntas del capítulo 7. De lo contrario, reflexione:
¿Qué actividades disfruta más?
¿Cuáles son las cosas más importantes para usted en la vida?
¿Qué situaciones le han hecho sentir frustrado porque nadie parece prestarle atención?
¿Cómo puede marcar una diferencia en otras vidas?
Si le quedara un año de vida, ¿en qué lo invertiría?

Los dones espirituales. Son esas capacidades o habilidades extraordinarias que Dios nos ha dado para que la realidad del cielo sea evidente aquí en la tierra. Todos tenemos dones, y el propósito de los mismos es:

Resolver las necesidades de la humanidad. En ese caso, necesitamos maestros, personas que transmitan la Palabra de Dios, gente que sirva, buenos administradores, líderes que con sus iniciativas respondan a las necesidades de un mundo en crisis, gente que motive o que llame la atención en algún punto, personas dispuestas a sacrificarse por otros y que no duden a la hora de dar generosamente.

Trabajar en la obra de Dios. Los conocemos como "apóstoles", "profetas", "evangelistas", "pastores", "maestros" y "misioneros". Piénselo en términos de funciones y roles. A los pastores les sale natural prestar su oído para escuchar. A los evangelistas les fluye hablar de Jesús a los desconocidos. Cuando un maestro abre la boca, todo el mundo parece entenderlo muy bien. Los apóstoles son expertos abriendo camino donde antes no hubo nada. Y los misioneros viven con el equipaje ligero para estar presentes donde se necesite un servicio sincero y desprevenido.

Para convencer de que Dios es real y está cerca. Estas habilidades extraordinarias incluyen la capacidad de hablar la verdad según la Palabra de Dios, o advertir de un evento futuro, identificar huestes espirituales, creer que pueden acontecer cosas "improbables", milagros de sanidad, hablar en lenguas y también interpretarlas.

> Su otra tarjeta de presentación habla de que usted es un representante del Dios viviente. ¡Tome la iniciativa!

La necesidad. Hay un problema en el mundo, hay una crisis, un grito de auxilio, hay hambre, frío, silencio, desconcierto, tragedias, abandono, un vacío…¿Hay algo que usted pudiera hacer? ¿Quién es su público objetivo? ¿Cuáles serán sus primeras acciones a beneficio de esta causa? Recuerde siempre que no se trata de usted, se trata de Dios.

Su otra tarjeta de presentación habla de que usted es un representante del Dios viviente. ¡Tome la iniciativa!

CÓMO REDACTAR SU PROPÓSITO

¡Acción! Su llamado tiene que comenzar con un verbo, tales como: lograr, adquirir, adoptar, afectar, afirmar, aliviar, ampliar, apreciar, asociar, creer, otorgar, edificar, llamar, causar, escoger, recolectar, componer, concebir, conectar, decidir, describir, identificar, sanar, mejorar, integrar, liderar, etc.

El propósito de su vida no es su profesión; el propósito de su vida no puede depender de

> Su llamado en particular, es tan extenso como la misericordia y la fidelidad de Dios para usted.

su cuenta bancaria. El propósito de su vida no llega hasta ser madre, tener un auto último modelo, salir de deudas o casarse. ¿Hasta dónde llega su propósito? Cuando Dios le dice a Abraham: "Sal de la tienda y mira para el cielo y cuenta las estrellas" (ver Génesis 15:5) o le dice: "Levanta la vista, y todo lo que veas te lo voy a entregar" (ver Génesis 13:14–15). Una pequeñísima recomendación: salga de su tienda, salga de su zona de confort, comience a soñar pero en inmenso. Su llamado en particular, es tan extenso como la misericordia y la fidelidad de Dios para usted.

Incluya a otros. Su propósito puede estar dirigido a un grupo de personas, causas o individuos. Puede ser su familia, los jóvenes, los niños, los militares, los presos, los alcohólicos, los drogadictos. Pueden ser las personas con sobrepeso, los endeudados, etc. ¿Sabe cómo saberlo? Pregúntese en este instante: ¿Qué situación hace que me duela el corazón? ¿Qué me roba el sueño? ¿Qué me gustaría cambiar? Además, considere que por diseño estamos destinados a no estar solos. Asóciese con personas que no solo lo animen y crean en usted, sino que tengan de igual modo temas afines y nutran su zona de genialidad.

El objetivo de este ejercicio es que usted se dé a la tarea de identificar de manera objetiva qué le apasiona, qué sabe hacer muy bien, qué necesidad hay que usted pueda resolver y cuáles son los dones que Dios le ha dado. Esa zona de genialidad es donde usted puede destacarse.

> "Porque somos hechura suya, creados en Cristo Jesús para hacer buenas obras, las cuales Dios preparó de antemano para que anduviéramos en ellas".
> —Efesios 2:10, lbla

Dios no está improvisando; desde antes de nacer le dio un propósito que está dentro de usted. La única manera de que su existencia esté constantemente encendida es permitiendo que Él sople en su zona de genialidad y pueda proyectarse en el propósito que Dios tiene para usted.

No siga en el anonimato; hay dos tipos de personas: los protagonistas y los espectadores. Los protagonistas cambian la historia, les cuesta sudor y lágrimas, pero en el camino experimentan plenitud y realización. Los espectadores se quedan sentados viendo cómo otros lo hacen.

> **Dios no está improvisando; desde antes de nacer le dio un propósito que está dentro de usted. La única manera de que su existencia esté constantemente encendida es permitiendo que Él sople en su zona de genialidad y pueda proyectarse en el propósito que Dios tiene para usted.**

> "Despiértate, tú que duermes, levántate de entre los muertos, y te alumbrará Cristo. Así que tengan cuidado de su manera de vivir. No vivan como necios sino como sabios, aprovechando al máximo cada momento oportuno, porque los días

son malos. Por tanto, no sean insensatos, sino entiendan
cuál es la voluntad del Señor".

—Efesios 5:14–17

En otras palabras, no viva de cualquier manera. Es más fácil e
implica menos esfuerzo vivir de cualquier manera. Los días son
malos porque traen afanes, aflicciones, necesidades, y todo eso
puede ir empolvando su pasión, su sueño, la zona de genialidad
que Dios le ha dado. La voluntad de Dios es que usted lo conozca
en intimidad, y en la medida que lo haga, se reconocerá a usted
mismo en "otros términos", unos "especializados" para llevar a
cabo su misión especial.

GUÍA DE ESTUDIO PARA GRUPOS PEQUEÑOS

"Yo anuncio el fin desde el principio; mi propósito
se cumplirá, y haré todo lo que deseo".

—Isaías 46:10

INTRODUCCIÓN

Es bien sabido que la voluntad de Dios para todos en general es que de manera individual sea cultivada una relación íntima con Él. De esta manera, es posible comprender su voluntad específica para con usted, que tiene que ver con sus destrezas, sus dones, su historia, sus particularidades y su llamado.

En esta guía de estudio abordaremos asuntos como, por ejemplo, cuál es el tercer día más importante de su vida, en qué momento surgió su propósito, cómo está supuesto a hallarlo, la importancia de no enfrascarse en sus habilidades y proseguir hacia el desarrollo del llamado, cuáles son los beneficios de vivir en el propósito, entre otros.

Notará que traeremos a colación casos puntuales de personajes de la Biblia, y continuamente estaremos haciendo preguntas para, más que todo, abrir una ventana en su mundo interior y ayudarle a organizar sus ideas. Una de las reflexiones clave de este estudio es: "Señor, ¿qué pensaste cuando pensaste en mí?". Y posiblemente será una interrogante recurrente durante estas semanas juntos.

Además, podrá encontrar un cuestionario que le permitirá identificar ese propósito que desde siempre lleva por dentro y solo hasta este momento concretará. Esa es nuestra oración.

En el libro, el pastor Edwin Castro utiliza su vida como

caso de estudio con el fin de facilitar el proceso de comprensión. Hablando de "proceso", no pretendemos que en pocas semanas usted clarifique por completo un asunto que lleva décadas trabajando. Sin embargo, estamos convencidos de que después de leer el libro y completar este estudio, le quedará mucho más sencillo redactar en pocas frases el propósito de su vida. Finalmente, una vez lo sepa nombrar, ¿estará dispuesto a obedecerle a Dios? Si contestó "sí", puede estar confiado que tendrá una respuesta. Pero si su respuesta contiene algo de duda, pedimos a Dios que remueva toda prevención y miedo, pues dice su Palabra que el Señor tiene pensamientos de paz, para darle un futuro y una esperanza (ver Jeremías 29:11–12). ¡Bienvenido!

Antes de empezar

Su nombre aquí: _____

1. ¿Celebra su cumpleaños? Sí / No / ¿Por qué? / ¿Cómo?

   _____

   _____

   _____

2. ¿Cuáles son las tres fechas más trascendentales de su vida?

   _____

   _____

   _____

3. ¿Cómo le gustaría ser recordado después de su muerte?

_____

_____

_____

4. ¿Ha sentido en algún momento que su pasado es su principal "antagonista"? ¿Por qué?

_____

_____

_____

5. ¿Pensaría que el mundo es mejor por causa suya? ¿Por qué?

_____

_____

_____

"Usted no es simplemente un accidente, fue creado con propósitos eternos".

CAPÍTULO 1
El tercer día más importante de su vida

"Nacemos, crecemos y morimos; sin embargo, no siempre descubrimos y cumplimos el propósito para el cual existimos".
—EDWIN CASTRO

1. El primer día más importante de su vida es el día de su nacimiento. Usted no es "uno más" en este planeta. En el plan perfecto de Dios, nació precisamente ese día y a esa hora ( )/( )/ ( ) a las ( ): ( ) (a.m.) (p.m.) con propósitos eternos. Su llegada al mundo es un momento histórico, recordado para siempre en la memoria de su Padre celestial. Celebrar su cumpleaños es celebrar los planes de Dios.

> "¡Te alabo porque soy una creación admirable! ¡Tus obras son maravillosas, y esto lo sé muy bien!".
>   —Salmo 139:14

En el libro de Génesis encontramos a un Dios orgulloso y satisfecho por cada pieza de su creación. Al crear al hombre, dijo Dios que era "bueno en gran manera" (intente imaginar a Dios diciendo eso de usted con una sonrisa en su rostro). ¡Es una realidad! El Padre celestial lo creó con planes en mente, y al formarlo, Él dijo que usted era *bueno en gran manera*.

> Si pudiera volver a nacer, ¿repetiría exactamente la misma historia que hasta el momento ha vivido? Sí ____ No ____ ¿Por qué?
>
> ¿Alguna vez ha pensado que su vida es un error? Sí ____ No ____ ¿Qué lo ha llevado a pensar así?

> "Por la gracia que se me ha dado, les digo a todos ustedes: Nadie tenga un concepto de sí más alto que el que debe tener, sino más bien piense de sí mismo con moderación, según la medida de fe que Dios le haya dado".
>   —Romanos 12:3, rvc

Usted debe tener un concepto correcto de sí mismo y eso tiene que ver con la medida de fe que Dios le ha dado.

"Humildad es estar de acuerdo con lo que Dios dice de usted".

Si Dios dice que usted es su hijo, que es una creación maravillosa, comprométase con ese pensamiento y no con lo que el enemigo y el mundo le quieren plantear. No crea más que usted es un fracasado, un abandonado, otro más en la tierra, un endeudado, pobre, alguien que no vale ni tiene propósito. Usted tiene un valor incalculable para Dios.

2. El segundo día más importante es el día en que nace de nuevo. Todos los seres humanos que están en el planeta Tierra son creación de Dios. Pero solamente aquellos que han tenido un encuentro personal (genuino, voluntario) con Jesucristo y lo han hecho su Señor y Salvador personal, se convierten en hijos de Dios. La Biblia denomina ese proceso como el "nuevo nacimiento".

> "Mas a cuantos lo recibieron, a los que creen en su nombre, les dio el derecho de ser hijos de Dios".
> —JUAN 1:12–13

Quiero pedirle que* no asuma que este encuentro es lo mismo que el día en el que lo bautizaron o el día que lo llevaron a hacer su primera comunión. Este es el día en que Jesucristo se hizo real en su vida y usted llegó a reconocer: "Soy un pecador, necesito de un Salvador, Jesucristo. Yo reconozco que tú eres Dios, que viniste a la tierra, viviste una vida libre de pecado, moriste y resucitaste, y en este día tomo la decisión de recibirte como mi Señor y mi Salvador".

"No es religión, es una relación personal con Dios".

¿Tiene conciencia del momento específico cuando aceptó a Jesucristo como Señor y Salvador (lugar, temporada de su vida, fecha, personas que estaban con usted)?

¿Le gustaría aprovechar esta ocasión para reconciliarse con Dios? (Haga la oración en la pág. 138).

3. El tercer día más importante de su vida es aquel en el que descubre para qué nació. Dios no se equivoca, no improvisa, no crea "insignificancias". Él es el mayor arquitecto que existe en todo el universo. Todo lo que diseña y planea lo hace con un objetivo perfecto, y eso lo incluye a usted.

Uno de los beneficios más grandes que se obtiene al recibir a Jesús como Señor es que le da la capacidad de escuchar su voz.

¿Alguna vez ha escuchado la voz de Dios? ¿Por qué sabe que era Dios hablando?

¿Conscientemente ha obedecido un mandato de Dios relacionado con el propósito de su vida?

"Mis ovejas oyen mi voz; yo las conozco y ellas me siguen".
—JUAN 10:27

Para muchas personas es inconcebible decir: "Dios me habló". Pero para un hijo, esto es parte del día a día. ¿Se ha atrevido a preguntarle a Dios con respecto a su propósito? Puede estar confiado

que la respuesta va a superar sus expectativas; es más, pregúntele:
¿Dios, qué pensaste cuando pensaste en mí?".

"Dios no es un Dios de casualidades, Él siempre tiene el control".

"Yo anuncio el fin desde el principio; desde los tiempos
antiguos, lo que está por venir. Yo digo: Mi propósito se
cumplirá, y haré todo lo que deseo".
—Isaías 46:10

El caso del rey David

"Antes de nacer fui puesto a tu cuidado; aun estaba yo en el
vientre de mi madre, y tú eras ya mi Dios".
—Salmo 22:10, rvc

David estaba seguro; él conocía que en la soberanía de Dios, en
su plan, estaba él. Es como si él le hubiera dicho a Dios: "No me
importa que haya sido concebido de esta o aquella manera, lo que
sé es que eres mi Dios, que me has cuidado desde el vientre de mi
madre" (ver Salmo 139:13).

"Mis padres podrán abandonarme, pero tú me adoptarás
como hijo".
—Salmo 27:10, tla

David tenía puesta su confianza en el Padre celestial, más allá
de las circunstancias que lo rodeaban: abandono, rechazo, crítica,
burla, tentación. Él sabía en quién había creído y quién era su verdadero padre.

Para dimensionar el inmenso amor de Dios por usted, piense
en que resolvió el problema de la separación por causa del pecado,
enviando a su único Hijo, Jesús, a morir de la forma más escanda-
losa posible para después resucitar:

"Porque tanto amó Dios al mundo que dio a su Hijo unigénito, para que todo el que cree en él no se pierda, sino que tenga vida eterna. Dios no envió a su Hijo al mundo para condenar al mundo, sino para salvarlo por medio de él".

—Juan 3:16–17

Para responder a semejante amor y experimentar el segundo día más importante en la vida, ore teniendo como base las siguientes líneas:

"Padre celestial, reconozco que soy un pecador y que necesito de un Salvador que me ponga en paz contigo. Por esta razón, me arrepiento de mis pecados y reconozco que Jesús es tu Hijo y en este día lo invito a morar dentro de mí. Confieso que Él es mi Señor y mi Salvador, gracias por perdonar mis pecados y por adoptarme como tu hijo. Amén".

Capítulo 2
Desde antes de nacer

"He creído en un Dios que no opera por casualidades".

—Edwin Castro

¿Para qué nació?

El propósito de su vida no necesariamente es su oficio o profesión. Vivir sin tener una noción clara de su "propósito" le impide trascender, dejar una huella, un legado que marque una pauta y allane el camino para que "otros" prolonguen su obra en la tierra.

¿Cree que en su vida otros encuentran un "punto de partida" o la inspiración para hacerse retos personales y superarse?

¿Diría que actualmente se encuentra desarrollando todo su potencial?

El objetivo es que usted sea consciente de *usted mismo*; es decir, que su vida está generando soluciones a ciertas áreas de la sociedad, que es una respuesta a la necesidad de alguien más, y por causa suya el mundo es un mejor lugar para vivir.

David y Joram

"Ciertamente David, después de servir a su propia generación conforme al propósito de Dios, murió, fue sepultado con sus antepasados, y su cuerpo sufrió la corrupción".

—HECHOS 13:36

David se volvió un referente de comportamiento para todos los reyes que le sucedieron (ver 1 Reyes 15:9–11; 2 Reyes 16:1–2). Sin embargo, de Joram no podríamos decir lo mismo:

"Después de todo esto, el SEÑOR lo hirió en los intestinos con una enfermedad incurable. Y aconteció que con el correr del tiempo, al cabo de dos años, los intestinos se le salieron a causa de su enfermedad, y murió con grandes dolores. Y su pueblo no le encendió una hoguera como la hoguera que habían encendido por sus padres. Tenía treinta y dos años cuando comenzó a reinar, y reinó ocho años en Jerusalén; y murió sin que nadie lo lamentara, y lo sepultaron en la ciudad de David, pero no en los sepulcros de los reyes".

—2 CRÓNICAS 21:18–20

Joram murió sin que nadie lo lamentara y lo sepultaron en la ciudad de David, pero no en los sepulcros de los reyes. ¡Qué fracaso! Se imagina usted ese tipo de epitafio: "Aquí yace *fulano de tal*; nadie lamentó su muerte".

> Si hoy muriera, además de su familia, ¿quién lo extrañaría?
>
> ¿Cómo será recordado? ¿Qué le gustaría que se leyera en su epitafio?

No conocer para qué nació

La gran mayoría de personas no alcanzan a desarrollar su potencial y la asignación para la cual fueron creadas. Es esencial que ahora que ha aceptado el desafío de ir por su propósito, usted se despoje de lo que no le sirve, lo que le estorba. Aquellos asuntos tóxicos deberán ser removidos de su interior para que se convierta en un protagonista de su historia, de la historia de todos.

"Debe volver a su punto de origen en Dios, para reconocer su llamado".

SU PROPÓSITO PRECEDE SU EXISTENCIA

Propósito: la asignación para la cual fue creado.

Lo que usted debe saber de manera urgente es que el propósito de su vida existió mucho antes que usted mismo. Junto a lo anterior, la siguiente revelación es que "su propósito y su existencia tuvieron un encuentro en el tiempo". Dios no planeó que usted naciera hace 500 años ni el próximo mes; cuidadosamente, Él decidió su cumpleaños.

"Pero cuando se cumplió el tiempo señalado, Dios envió a su Hijo, que nació de una mujer y sujeto a la ley, para que redimiera a los que estaban sujetos a la ley, a fin de que recibiéramos la adopción de hijos".

—GÁLATAS 4:4–5, RVC

"Usted es un regalo para esta generación".

Hasta este día, ¿qué le ha aportado a la humanidad?

A partir de hoy, ¿qué le gustaría aportar a la humanidad?

Es hora de exterminar todas las declaraciones de disconformidad sobre usted que otros han proferido, como: "Nunca va a alcanzar nada"; "Debe estudiar para ser alguien en la vida"; "No va a ser capaz de....". No se trata de que no estudie, sino de decidirse por algo que nada tiene que ver con el propósito.

En la Biblia hay un versículo que habla de usted, de su misión, de su llamado ¿Lo conoce?

¿Qué es lo que Dios ha dicho de usted?

¿Qué tanto se parece su condición actual a ese destino versión Dios?

"El éxito no está determinado por lo que la gente dice, sino por cuánto ha alcanzado con respecto al propósito de Dios".

Compárese con lo que Dios dice de usted para saber qué tan exitoso es. Es importante conocer el propósito, porque eso le deja saber quién es y quién no es, a qué le llamó Dios y a qué no.

"Desconocer el propósito es como salir de cacería, pero con los ojos vendados".

Usted tiene un propósito, tiene una asignación y el Espíritu Santo está viniendo sobre esta generación:

"Dios ha dicho: En los últimos días derramaré de mi Espíritu sobre toda la humanidad. Los hijos y las hijas de ustedes profetizarán; sus jóvenes tendrán visiones y sus ancianos tendrán sueños. En esos días derramaré de mi Espíritu sobre mis siervos y mis siervas, y también profetizarán".
—HECHOS 2:17–18, RVC

"Somos parte de esta generación sobre la cual Dios desea derramar su Espíritu; eso lo que Dios anhela y lo que nos espera".

CAPÍTULO 3
En su interior

"El valor en la vida no está dado por lo que se hace, se posee o se alcanza; está consignado en quien usted es".

En un nivel más profundo y trascendental, el propósito de un ser humano es el sentido que otorga a la vida. Cuando se habla de un propósito de vida, se hace referencia a la intención de alcanzar la existencia plena, y no simplemente "existir" por inercia. Todos y cada uno de nosotros debemos explorar esos pensamientos que Dios tuvo desde la eternidad para cada uno, razón suficiente para entablar conversaciones trascendentales con Dios.

¿Diría con certeza que su vida ha estado gobernada (el 100% de todas sus áreas) por la verdad de Dios? Sí _____ No _____ ¿Cómo lo sabe?

¿Qué mentiras se han infiltrado en su vida y hoy son parte de su "normalidad"?

No permita que su vida sea dirigida por:

+ Las opiniones externas, gestos a favor o en contra de usted

+ La sensación de "soy invisible", "a mí nadie me reconoce", "nadie se da cuenta de lo que estoy haciendo", "parece que lo que yo hago no tiene valor"

+ Las circunstancias

+ Las emociones

+ Las posesiones

Su Padre celestial todo lo ve, todo lo sabe, todo lo conoce, y Él sabe lo que es mejor para usted. Por lo anterior, usted debe aprender a intercambiar mentiras por la verdad de Dios. Cuando una verdad de Dios se revela, una mentira arraigada muere.

> "Dios tuvo un pensamiento, y por esa razón él le creó; hay
> algo que solamente usted puede hacer en el planeta Tierra".

El origen de la envidia

Si usted se siente "molesto", "inquieto", "frustrado", "incapaci-tado" para celebrar los logros de los demás, es suficiente indicador para concluir que usted aun no tiene claro el "para qué" lo llamó Dios. Por consiguiente, no está experimentando realización en su "territorio" al desarrollar todo su potencial. Son muchas las personas que se convierten en malas copias de gente famosa, porque no son genuinas, ni valoran ni siquiera pueden ver lo que Dios ha puesto en sus manos.

> Aquello para lo cual Dios lo diseñó ya está dentro de usted.

El caso de Moisés
Éxodo 1–4

+ Un hebreo de nacimiento, adoptado por Faraón y formado en Egipto.

+ Un día supo su verdadero origen y provocado por el maltrato, asesinó a un egipcio.

+ Huyó al desierto y por 40 años pastoreó ovejas. Un día tuvo un encuentro "ardiente" con Dios, por medio de una zarza que no se consumía.

+ Dios le reveló que él forma parte del plan de liberación de su pueblo cautivo en Egipto.

+ Moisés encuentra todas las excusas para demostrarle a Dios que él no es apto para tal misión.

♦ Dios le demuestra a Moisés que sus excusas no invalidan el plan de Dios.

"—¿Qué tienes en la mano? —preguntó el Señor.
—Una vara —respondió Moisés".

—Éxodo 4:2

Para Moisés, se trataba de su pedazo de madera viejo, no representaba mucho, tan solo era su "herramienta de trabajo". Sin embargo, Dios hizo la pregunta con el objetivo de que Moisés abriera los ojos y fuera consciente. A continuación, le dio una orden: "Déjala caer al suelo". Moisés obedeció y la vara se convirtió en una serpiente; fue allí cuando él trató de huir de ella" (ver v. 3).

Aquello que Dios puso en su interior es maravilloso, y al rendirlo ante los pies de Dios se convierte en algo aún más grandioso. Lamentablemente, muchas veces, como Moisés, pensamos que lo que tenemos a la mano es común y de poco valor, mas Dios nos lo ha entregado para hacer portentos. Es interesante que, desde ese momento, esta vara que se había conocido como "la vara de Moisés" en adelante la Biblia la llama "la vara de Dios".

¿Cuál es su vara?

¿Qué ha puesto Dios en su mano? ¿Alguna destreza en particular?

Cuando le rinde sus dones, talentos y habilidades a Dios, aquello que era común para usted, Dios lo hace grandioso.

Volvamos a la vara. A partir de ese momento, sería un instrumento poderoso con el cual Dios empezaría a hacer cosas muy diferentes. "Moisés extiende la vara al cielo", Moisés extiende la vara y cae granizo; "Moisés levanta la vara", y vienen langostas sobre Egipto. En Éxodo 14, delante del mar, mira hacia atrás y viene un pueblo deseoso de venganza; mira al frente y se encuentra con el océano. Moisés empieza allí a hablar y clamar, y Dios le dice, por primera vez en la Biblia: "Deja de orar. ¿Por qué clamas a mí? Dile al pueblo de Israel que marche". "Señor, ¿por dónde vamos a marchar?". "Extiende la vara". (Ver Éxodo 14:15–16). Dice la Biblia que él la extendió y ahora esa vara, que había estado con él por cuarenta años, es usada por Dios para abrir el mar. Esa es la misma vara que en determinado momento golpea la piedra y de allí, quizás, cerca de tres millones de personas toman agua.

Eso que es común para usted, al ser identificado, reconocido y rendido delante de Dios, se convierte en uno de los instrumentos más poderosos en la historia de la humanidad.

> "El don del hombre le ensancha el camino, y le lleva delante de los grandes".
>
> —PROVERBIOS 18:16, JBS

"No eres un error, eres la mejor idea de Dios para crear, sanar, empezar, mejorar, diseñar, hacer nacer o concluir algo en la tierra".

CAPÍTULO 4
El propósito determina el diseño

> "Fuiste equipado con todo lo necesario para desarrollar la asignación de Dios en la tierra".

Absolutamente todas las cosas fueron diseñadas para solucionar, mejorar, interrumpir, completar y corregir algo. Piense en sus lentes de sol, en el vehículo que maneja, en su almohada, en su celular. Si las *cosas* se hacen tan "indispensables" de momento, ¿qué le hace pensar que *su vida* sea insignificante? Sus particularidades, sus dones, sus talentos, su temperamento, lo que le gusta, lo que le disgusta, lo que despierta sufrimiento en usted, todo eso lo puso Dios en su interior desde la concepción para que conformaran el ser único, excepcional y sin igual que usted es hoy.

> **¿Alguna vez ha intentado cepillarse los dientes con el cepillo que utiliza para su cabello? Sí ____ No ____ ¿Tendría éxito? ¿Por qué?**
>
> **¿Utilizaría uno de sus cabellos como seda dental? Sí ____ No ____ ¿Por qué?**

Aunque son cepillos, tienen asignaciones diferentes. De ningún modo, un cabello puede reemplazar la seda dental. Con esto en mente, ahora sí puede entender mejor la premisa de que "el propósito determina el diseño". Cuando trabajamos fuera del diseño original de Dios para nuestras vidas, no vamos a funcionar; debemos comprender que hasta la más pequeña característica fue elegida por Dios con un propósito específico, para que usted pudiera cumplir con ese llamado por el cual fue "diseñado". El apóstol Pedro nos recuerda:

> "Según cada uno ha recibido un don especial úselo sirviéndoos los unos a los otros como buenos administradores de la multiforme gracia de Dios".
>
> —1 PEDRO 4:10, LBLA

"Usted es un regalo de Dios único para la humanidad".

Si encuentra algo que aun no pueda abrazar de usted mismo, retome las palabras de Génesis: "Hagamos al hombre conforme

a nuestra imagen, conforme a nuestra semejanza…" (1:26ª, lbla).
Usted es una creación única, formidable, auténtica, preciosa por
el hecho de quién lo creó. Seguramente se habrá encontrado con
piezas de arte que no le hacen mucho sentido. Usted quizás piense:
Pero no es tan impresionante; ¿qué será lo "interesante" en esto? Sin
embargo, vaya impresión cuando encuentra su costo. Lo que le da
valor a esa pieza de arte es que salió de las manos de un afamado
y reconocido artista.

> "Pues somos la obra maestra de Dios. Él nos creó de nuevo
> en Cristo Jesús, a fin de que hagamos las cosas buenas que
> preparó para nosotros tiempo atrás".
>
> —Efesios 2:10, ntv

Cuando usted abraza la paternidad de Dios y acepta el valor que tiene en Jesús, logrará aceptarse tal cual es.

¿Está familiarizado con la percepción de Dios como un "papá"?
Sí ____ No ____ ¿Por qué?

¿Por qué diría que la sangre de Cristo "valoriza su existencia"?

El caso de Jesús

> "Jesús, sabiendo que el Padre había puesto todas las cosas
> en sus manos, y que de Dios había salido y a Dios volvía,
> se levantó de la cena y se quitó su manto, y tomando una
> toalla, se la ciñó. Luego echó agua en una vasija, y comenzó
> a lavar los pies de los discípulos y a secárselos con la toalla
> que tenía ceñida".
>
> —Juan 13:3–5, lbla

Jesús conocía su origen, Él conocía quién era la fuente de su vida y de quién era hijo. Además, no ignoraba a dónde había de volver pues entendía que su fin estaba en el mismo Padre celestial. En Juan 13, el Rey de reyes se levantó y se quitó el manto. ¿Qué quiere decir eso? Él se despojó para servir. El hecho de ser "El Señor" (con toda la autoridad) no le impidió tomar una toalla, arrodillarse y lavar los pies trajinados de sus discípulos. Podemos aprender que cuando uno tiene claro de dónde viene y a dónde va, no hay conflicto si alguien se acerca con palabras de desaprobación como: "Usted no sirve para nada", "Es que nunca va a salir adelante", "Usted no es bueno ni para un remedio", pues ya sabe lo que dice su Padre celestial.

Jesús dijo: "Ama al Señor tu Dios con todas tus fuerzas, con todo tu corazón, con toda tu alma; y ama a los demás como a ti mismo" (ver Mateo 22:37, 39). Entonces, después de amar a Dios, ¿a quién se tiene que amar primero? A uno mismo. Debemos amar nuestro diseño, nuestras características, pues han sido pensadas por Dios. Recuerde, *el diseño está determinado por el propósito.*

Muchas veces nos encontramos utilizando nuestros dones y habilidades para hacer cosas que Dios no nos mandó hacer. Por eso es tan importante que comprendamos el propósito que Dios tiene para nosotros, que es único.

Dios vio un problema y lo creó a usted para solucionarlo.

Capítulo 5
No es lo mismo

"El talento es natural, el don es sobrenatural y el propósito es una asignación de vida que va más allá".
—Edwin Castro

Talento

Se conoce como talento al conjunto de facultades, capacidades o habilidades que posee o desarrolla una persona para desempeñar cierta actividad y que, gracias al ejercicio de las mismas, es capaz de destacarse.

Unas preguntas interesantes que surgen: ¿En dónde se enfoca el talento? ¿De quién está hablando el talento? De las personas. Todo gira en función del ser humano, es decir, de su esfuerzo, dedicación, disciplina.

¿Cuáles son sus talentos?

Don

Hablamos que *don* se define como una dádiva, una dotación milagrosa. La versión amplificada de la Biblia en inglés afirma que es un regalo divino, es decir, que proviene de Dios (ver Romanos 11:29; 1 Corintios 12:4, AMP). El *don* está enfocado en Dios, mientras que el *talento*, en la persona. Cuando hablamos de algo sobrenatural, de algo divino, estamos hablando de un momento en el cual, por el uso, por la función de ese don, se interrumpen las leyes naturales y hay un derramamiento del poder de Dios.

Como hijos de Dios no nos podemos conformar con simplemente estar operando en la parte natural, hay regalos del Padre, dádivas, capacidades divinas que Él está dispuesto a darles a quienes se las pidan. Dicho de otro modo, no sea un talentoso vacío; opere en los dones que Dios le ha regalado y el efecto será explosivo.

Propósito

Para efectos prácticos, usaremos dos palabras para referenciar "propósito", y son: "llamado" y "vocación" (aquello que usted está supuesto a hacer en la vida, o por decirlo de otra manera, con su vida).

"Porque los dones y el llamamiento de Dios son irrevocables".
—Romanos 11:29, lbla

DONES ⟵⟶ PROPÓSITO

Enumere tres dones:

-

-

-

¿Podría escribir su propósito de vida?

Mucha gente ha encontrado su don y se ha dedicado a vivir en él, pero no necesariamente cumple el llamado que Dios tiene para su vida. Es así como "no es lo mismo", primeramente, los talentos y los dones; y "no es lo mismo", el don y el llamamiento o el propósito.

El caso de Sansón
Lea Jueces 13–16.

Usted encuentra a Sansón matando a los enemigos de Dios, pero no encuentra en la Biblia un solo versículo que diga: "Y Sansón fue e instruyó en la Palabra de Dios", "y Sansón fue y juzgó al pueblo", "y Sansón ejerció el juicio de Dios sobre el pueblo"; no está. Se hacen dos referencias en la Biblia simplemente donde dice que Sansón gobernó al pueblo por veinte años, pero nunca dice que el pueblo fue juzgado. Es decir, Sansón se dedicó a vivir su vida en el don y no cumplió con el llamado. ¿Por qué es interesante esto? Porque no hubo cambio en Israel.

"Y el Espíritu del Señor vino sobre él con gran poder, y lo despedazó (a un león) como se despedaza un cabrito,

aunque no tenía nada en su mano; pero no contó a su padre
ni a su madre lo que había hecho".

—JUECES 14:6, LBLA

"Al llegar él a Lehi, los filisteos salieron a su encuentro
gritando. Y el Espíritu del Señor vino sobre él con poder,
y las sogas que estaban en sus brazos fueron como lino
quemado con fuego y las ataduras cayeron de sus manos.
Y halló una quijada de asno fresca aún, y extendiendo su
mano, la tomó y mató a mil hombres con ella".

—JUECES 15:14–15, LBLA

Dalila fue contratada para seducir a Sansón y averiguar el secreto de su fuerza. Finalmente, él le reveló su secreto, vinieron los
enemigos, lo apresaron, le quitaron el cabello, le sacaron los ojos
y lo expusieron a la burla y humillación de todos, cual monigote.
En un momento de vergüenza, quizá de arrepentimiento, Sansón
alzó su voz:

"Sansón invocó al SEÑOR y dijo: Señor DIOS, te ruego que
te acuerdes de mí, y te suplico que me des fuerzas sólo esta
vez, oh Dios, para vengarme ahora de los filisteos por mis
dos ojos. Y Sansón asió las dos columnas del medio sobre
las que el edificio descansaba y se apoyó contra ellas, con su
mano derecha sobre una y con su mano izquierda sobre la
otra. Y dijo Sansón: ¡Muera yo con los filisteos! Y se inclinó
con todas sus fuerzas y el edificio se derrumbó sobre los
príncipes y sobre todo el pueblo que estaba en él. Así que
los que mató al morir fueron más que los que había matado
durante su vida".

—JUECES 16:28–30, LBLA

¿Cuál fue el llamamiento que Dios le hizo a Sansón? (Selec-
cione la respuesta correcta): ___

A.   Pelear
B.   Proteger a Israel
C.   Ser fuerte
D.   Ninguna de las anteriores
E.   Todas las anteriores

A veces es más "llamativo" el don, pero hay que aprender a diferenciar. En el caso de Sansón, su don era la fuerza. Sin embargo, su llamado fue a ser juez sobre Israel, dirigirlo por el camino de Dios en la época donde no había un rey designado.

El caso de Samuel

En este caso, muchas personas responden que su llamado era a ser un profeta. Nuevamente se comete el mismo error, se identifica el don pero no el llamado. Su propósito en realidad fue a ser juez, es más, Samuel fue el último juez antes de empezar la era de los reyes en Israel.

El pueblo de Israel fue un pueblo muy especial, y Dios dijo que no tendrían un rey como el resto de las naciones, sino que Él sería su Rey. Para gobernar, Dios establecería jueces, quienes ejercerían un gobierno según la ley de Dios. Desde Moisés hasta Samuel, el pueblo de Israel fue gobernado por jueces.

Activar el don para ejecutar el llamado, provocará cambios en los entornos a los que usted llegue.

"Los filisteos fueron sometidos y no volvieron más dentro de los límites de Israel. Y la mano del Señor estuvo contra los filisteos todos los días de Samuel. Las ciudades que los filisteos habían tomado de Israel fueron restituidas a Israel, desde Ecrón hasta Gat, e Israel libró su territorio de la mano de los filisteos. Y hubo paz entre Israel y los amorreos. Samuel juzgó a Israel todos los días de su vida. Cada año acostumbraba hacer un recorrido por Betel, Gilgal y Mizpa, y juzgaba a Israel en todos estos lugares. Después volvía a Ramá, pues allí estaba su casa, y allí juzgaba a Israel; y edificó allí un altar al Señor".

—1 SAMUEL 7:13–17, LBLA

¿La mano de quién estuvo en los tiempos de Sansón sobre los filisteos? La Biblia dice que la mano de Sansón. ¿La mano de quién estuvo contra los filisteos en los días de Samuel? La mano de Dios. ¿Ve la diferencia del respaldo de Dios cuando hay alguien que está funcionando en el don contrario a la persona que está funcionando en el propósito o llamado?".

Actualmente, su vida está siendo determinada por:

A. Talentos (del hombre)
B. Dones (dados por Dios)
C. Propósito

+ Dios le ama tanto que no permitirá que sea exitoso en algo para lo que Él no le ha llamado, porque ese éxito le destruirá.

+ Si en su vida encuentra que hay áreas de insatisfacción es porque no ha llegado al máximo potencial que Dios tiene para usted. Si piensa que "debe haber algo más", es porque hay algo que Dios quiere hacer en usted.

+ A menudo, lo más grande que Dios tiene para usted aún no lo ha descubierto.

"El Señor cumplirá su propósito en mí; eterna, oh Señor, es tu misericordia; no abandones las obras de tus manos".

—SALMO 138:8, LBLA

Capítulo 6
Un error común

"Estamos ocupados haciendo tantas cosas para las que somos buenos, que perdemos de vista aquello para lo cual Dios verdaderamente nos ha llamado".
—Edwin Castro

Las personas que son talentosas y que además tienen dones pueden llegar a experimentar gran confusión respecto al "para qué" de su vida. Un gran regalo de Dios puede convertirse en un factor de distracción. Es posible que usted sea alguien con la capacidad para ser bueno haciendo varias cosas, que además le gustan y es reconocido por eso. El detalle de esta situación es que, al final, no sabe en qué concentrarse, a qué dedicarse. De continuar así, seguirá tan ocupado que podría extraviarse y nunca saber el llamado real de Dios para usted. Ahora es cuando "algo" debe morir para darle paso a "algo" mayor.

Debe llegar el tiempo en el que tiene que ir a la siguiente temporada de su vida.

"Porque somos hechura suya, creados en Cristo Jesús para buenas obras, las cuales Dios preparó de antemano para que anduviésemos en ellas".
—Efesios 2:10, rvr

¿Qué ha logrado hasta hoy que lo llene de orgullo y satisfacción?

¿Alguna vez ha hecho caso a un encargo especial de Dios? ¿Cuál?

Cada una de las etapas de la vida, su estudio, su trabajo, sus pérdidas, sus victorias, sus celebraciones y sus tristezas, incluso, su apariencia, conforman algo esencial, arman un rompecabezas necesario para el gran "desenlace" que Dios tiene en mente desde el principio. Debido a lo anterior, integre a sus tiempos con Dios la siguiente oración: *"Señor muéstrame mi final"*. En el instante en que Dios le muestre el final (su propósito, su legado, su herencia), usted estará seguro de lo que debe emprender, evitando la pérdida de recursos, tiempo, gente, ideas, entre otros. "Señor muéstrame mi final", este deseo le permitirá alinearse para llegar a ese punto, así como Jesús, quien orientó cada día al cumplimiento del propósito del Padre.

> "Yo no puedo hacer nada por iniciativa mía; como oigo, juzgo,
> y mi juicio es justo porque no busco mi voluntad, sino la
> voluntad del que me envió".
> —JUAN 5:30, LBLA

Las temporadas de David

Su vida fue marcada por triunfos y derrotas, por alegrías y tristezas, por celebraciones, por persecuciones, por valles y por montes hasta que llegó al destino que Dios tenía para él. Este caminar lo llevó por diferentes trabajos, profesiones o funciones en las cuales David siempre fue hallado sobresaliente. Justamente, esa es la trampa en la cual podemos caer: ser buenos para algo y no comprender que Dios quiere llevarnos a la siguiente temporada.

¿Cómo describiría su temporada actual?

David, el pastor

Cuando Dios mandó a Samuel a buscar un nuevo rey para reemplazar a Saúl, lo dirigió a la casa de Isaí. Todos sus hijos salieron a "desfilar", sin embargo, ninguno de ellos era el elegido. Dice la Biblia:

> "Y Samuel dijo a Isaí: ¿Son éstos todos tus hijos? Y él respondió: Aún queda el menor, *que está apacentando las ovejas*. Entonces Samuel dijo a Isaí: Manda a buscarlo, pues no nos sentaremos a la mesa hasta que él venga acá. Y envió por él y lo hizo entrar. Era rubio, de ojos hermosos y bien parecido. Y el SEÑOR dijo: Levántate, úngele; porque éste es. Entonces Samuel tomó el cuerno de aceite y lo ungió en medio de sus hermanos; *y el Espíritu del SEÑOR vino poderosamente sobre David desde aquel día en adelante*. Luego Samuel se levantó y se fue a Ramá".
> —1 SAMUEL 16:11–13, LBLA, ÉNFASIS AÑADIDO

Esa fue la primera posición, el primer trabajo, el primer encargo que tuvo David; fue pastor de ovejas.

No se preocupe si en este momento pareciera que nadie se fijara en usted, Dios está viendo lo que usted está haciendo en la intimidad.

Queda claro en el pasaje que el Espíritu del Señor estaba sobre David. Por lo tanto, concluimos que lo único que usted necesita desesperadamente es que la presencia de Dios repose sobre usted, no importa en qué o cómo se esté desempeñando.

David, el adorador

En tanto que David desarrollaba su primera asignación, estaba siendo entrenado en detalle para los tiempos por venir. Mientras pastoreaba las ovejas, las defendía, las alimentaba, además, interpretaba su instrumento, componía hermosas melodías, y de ahí nacieron los Salmos que aún hoy cantamos.

"El Espíritu del SEÑOR se apartó de Saúl, y un espíritu malo de parte del SEÑOR le atormentaba. Entonces los siervos de Saúl le dijeron: He aquí ahora, un espíritu malo de parte de Dios te está atormentando. Ordene ahora nuestro señor a tus siervos que están delante de ti, que busquen un hombre que sepa tocar el arpa, y cuando el espíritu malo de parte de Dios esté sobre ti, él tocará el arpa con su mano y te pondrás bien. Entonces Saúl dijo a sus siervos: Buscadme ahora un hombre que toque bien y traédmelo".

—1 Samuel 16:14–17, lbla

En la vida de Saúl hubo un momento en el que un espíritu malo lo atormentaba, a tal punto que hizo llamar a un músico para ayudarle a descansar. Lo cierto es que David no era un intérprete cualquiera; él era un adorador quien encontró similitud entre su forma de pastorear y su relación con Dios. Seguramente de allí nació el Salmo 23.

Sobre todas las cosas Dios nos creó para adorarle.

Cuando no se sabe reconocer la progresión de Dios en su vida, preferirá permanecer aferrado a aquello para lo que es bueno, que conoce y que lo hace sentir "como pez en el agua". Muchas veces, Dios le estará diciendo: "Ve a la siguiente temporada"; sin embargo, hay resistencia para proseguir.

Todo lo que usted vive es parte del proceso de equiparlo para la siguiente temporada.

David, el guerrero

¿Qué sucedió? Mientras David obedecía una orden sencilla de su padre, se encontró con la siguiente temporada de su vida. Isaí estaba preocupado por sus hijos mayores, entonces decidió enviar a David con comida al frente de batalla. Simultáneamente, tanto el ejército israelita como el rey Saúl estaban siendo intimidados por los filisteos, especialmente por el gigante Goliat. En ese instante llegó David, el pastor adorador, el menor de su casa, quien al oír las amenazas del ejército rival dijo:

> "Y dijo David a Saúl: No se desaliente el corazón de nadie a causa de él; tu siervo irá y peleará con este filisteo".
>
> —1 SAMUEL 17:32, LBLA

El final de la historia es de victoria para David. Nadie creía, pero David sabía muy bien en nombre de quien se estaba presentando ante el gigante Goliat y su ejército.

> "Pero David respondió a Saúl: Tu siervo apacentaba las ovejas de su padre, y cuando un león o un oso venía y se llevaba un cordero del rebaño, yo salía tras él, lo atacaba, y lo rescataba de su boca; y cuando se levantaba contra mí, lo tomaba por la quijada, lo hería y lo mataba. Tu siervo ha matado tanto al león como al oso; y este filisteo incircunciso será como uno de ellos, porque ha desafiado a los escuadrones del Dios viviente. Y David añadió: El SEÑOR, que me ha librado de las garras del león y de las garras del oso, me librará de la mano de este filisteo. Y Saúl dijo a David: Ve, y que el SEÑOR sea contigo".
>
> —1 SAMUEL 17:34–37, LBLA

David fue al río, tomó cinco piedras, las guardó y se fue con la onda; y corrió a enfrentar a Goliat, declarando: "Tú vienes a mí con espada, lanza y jabalina" (ver 1 Samuel 17:45). ¿Qué quiere decir? En otras palabras: "Tú vienes a mí con tu conocimiento, con tu humanidad, con las cosas que has logrado, mas yo vengo contra ti en el nombre de Jehová de los ejércitos". Acto seguido, disparó directo en la frente. Goliat no murió, tan solo cayó, entonces David tomó la espada de ese gigante y le quitó la cabeza.

> "Y salía David adondequiera que Saúl le enviaba, y prospe-
> raba; y Saúl lo puso sobre hombres de guerra. Y esto fue
> agradable a los ojos de todo el pueblo y también a los ojos
> de los siervos de Saúl".
>
> —1 SAMUEL 18:5, LBLA

Cualquier encargo que David recibía de Saúl, lo cumplía con éxito, de modo que Saúl lo puso al mando de todo su ejército, con la aprobación de los soldados de Saúl y hasta de sus oficiales.

La situaciones que vivimos no son permanentes, sino temporales; en ese tránsito de una temporada a otra, la presencia de Dios nos guiará.

David, el rey

> "Treinta años tenía David cuando llegó a ser rey, y reinó
> cuarenta años. En Hebrón reinó sobre Judá siete años y seis
> meses, y en Jerusalén reinó treinta y tres años sobre todo
> Israel y Judá".
>
> —2 SAMUEL 5:4–5, LBLA

En verdad, esta no fue la última temporada sino la conclusión de los ciclos de Dios en su vida. Este encargo no fue el último sino el primero. Años antes, Samuel lo había ungido como rey. ¡Dios anuncia el final desde el principio! Por eso, nuestra oración de-bería ser: "Señor, muéstrame mi final". David tenía treinta años cuando comenzó a reinar, y reinó cuarenta años.

> "David habitó en la fortaleza, y la llamó la ciudad de David.
> Y edificó David la muralla en derredor desde el Milo hacia

adentro. David se engrandecía cada vez más, porque el SEÑOR, Dios de los ejércitos, estaba con él".

—2 SAMUEL 5:9–10, LBLA

¿No le parece impresionante que ese mismo Dios está con usted?

El éxito de David: El Dios de los ejércitos estaba con él.

Su momento es hoy

Dios le habló a David sobre su propósito y éste lo tuvo claro, a tal punto que supo dónde terminaba. Es decir, supo cuál era la parte que a él le correspondía desarrollar en Israel y cuál era la parte que le correspondía a la siguiente generación.

"En esencia, el propósito de Dios para la vida de David, fue establecerlo como rey en Israel, para que conquistara todos los territorios enemigos, con el objetivo de dejarle a su hijo una nación en paz, y con los recursos para construir el templo donde descansaría la presencia de Dios, en medio de alabanzas y ofrendas continuas".

¿Qué hizo entonces David? Buscó a Dios, Él le dio los planos y David los preparó. Fue David quien estableció todo el diseño, de tal manera que su hijo pudiera concluirlo.

> "David, hijo de Isaí, reinó, pues, sobre todo Israel; el tiempo que reinó sobre Israel fue de cuarenta años; reinó en Hebrón siete años y en Jerusalén reinó treinta y tres. Y murió en buena vejez, lleno de días, riquezas y gloria; y su hijo Salomón reinó en su lugar".
>
> —1 CRÓNICAS 29:26–28, LBLA

> "Porque David, después de haber servido el propósito de Dios en su propia generación, durmió, y fue sepultado con sus padres, y vio corrupción".
>
> —HECHOS 13:36, LBLA

¿Qué del ejemplo de David, necesita instaurar en su vida?

CAPÍTULO 7

Cómo encontrar su propósito de vida

"No hay personas que hayan logrado la trascendencia por sus pensamientos. Lo lograron a través de sus actos".
—JOHN MAXWELL

Este ejercicio le facilitará definir su propósito. Lo primero es: ¡acérquese a su Creador! Él tiene la respuesta exacta. Por eso es vital que pida su dirección en este momento.

~ఞ~

CUESTIONARIO PARA DESCUBRIR EL PROPÓSITO DE VIDA

1. ¿Qué le produce dolor, lamento o molestia como para querer cambiarlo? (Ej. un grupo de personas, situaciones, cosas que suceden, problemas en la sociedad)

_____

_____

_____

_____

2. ¿Por hacer qué estaría dispuesto a sacrificarse? (Ej. grupo de personas, situaciones por resolver, cosas que suceden, solución de problemas)

_____

_____

_____

_____

3. ¿Qué cosas está dispuesto a hacer, aunque no le paguen por hacerlo?

_____

_____

_____

4. ¿Cuál es el tema del que Dios más le habla en la Biblia?

_____

_____

_____

5. ¿En qué tema o área tiene descubrimiento voluntario constante? (Al investigar, leer, capacitarse, estudiar)

_____

_____

_____

_____

6. ¿En qué área, o con qué personas o haciendo qué tiene el poder de resurrección? (Ej. cosas, grupos o personas que están muertas y vuelven a la vida, si se involucra con ellas)

_____

_____

_____

7. ¿Qué disfruta hacer para ayudar a otras personas?

_____

_____

_____

8. ¿Haciendo qué cosas se siente energizado, emocionado, útil y satisfecho?

_____

_____

_____

9. ¿Por cuáles talentos, habilidades o capacidades es felicitado con frecuencia?

_____

_____

_____

10. Si tuviera todos los recursos necesarios, ¿qué problema(s) resolvería?

_____

_____

_____

_____

11. ¿Qué situaciones le han hecho sentir frustrado porque nadie parece prestarle atención?

_____

_____

_____

_____

12. ¿Cómo puede marcar una diferencia en otras vidas?

_____

_____

_____

_____

Usted es un regalo para el planeta Tierra. ¿Por qué? Porque su vida es una expresión del amor de Dios para la humanidad. Dios le ha hecho una encomienda y nadie podría reemplazarlo. Es hora de que usted se considere como una posibilidad, como el causante de que lo mejor suceda dondequiera que vaya. Su asignación va más allá de sus deseos o sueños, no tiene que ver con un ideal egocéntrico, de exaltación o fama. Más bien, tiene que ver con los más íntimos anhelos del corazón del Padre celestial para esta generación y las que están por venir.

Por favor, analice las respuestas anteriores y redacte una frase o párrafo que encierre los principales aspectos comunes que encontró. Ese texto debe incorporar la expresión, "Mi propósito de vida es...":

_____

_____

_____

_____

_____

_____

_____

Capítulo 8
Manos a la obra

LOS SIETE BENEFICIOS DE CONOCER EL PROPÓSITO

1. Vitalidad

Cuando usted vive su propósito, se sentirá energizado, no drenado. Si usted es de esas personas que cuando le preguntan: "¿Cómo estás?", responde: "Muerto, cansado, esto es demasiado duro, esto es muy difícil", es posible que no esté caminando en su propósito.

> "Que toda cosa creada alabe al SEÑOR, pues él dio la
> orden y todo cobró vida. Puso todo lo creado en su lugar
> por siempre y para siempre. Su decreto jamás será revocado.

Alaben al SEÑOR desde la tierra, ustedes, criaturas de las profundidades del océano, el fuego y el granizo, la nieve y las nubes, el viento y el clima que le obedecen, ustedes, las montañas y todas las colinas, los árboles frutales y los cedros, los animales salvajes y todo el ganado, los animales pequeños que corren por el suelo y las aves, los reyes de la tierra y toda la gente, los gobernantes y los jueces de la tierra, los muchachos y las jovencitas, los ancianos y los niños. Que todos alaben el nombre del SEÑOR, porque su nombre es muy grande; ¡su gloria está por encima de la tierra y el cielo!".

—SALMO 148:5–13, NTV

La naturaleza no puede cantar canciones; sin embargo, ellos alaban cumpliendo la función para la cual Dios los diseñó, y eso trae alabanza a Dios. Su propósito lo va a empoderar, le hará sentir que quiere verdaderamente conquistar el mundo.

"Los apóstoles regresaron de su viaje y le contaron a Jesús todo lo que habían hecho y enseñado. Entonces Jesús les dijo: "Vayamos solos a un lugar tranquilo para descansar un rato". Lo dijo porque había tanta gente que iba y venía que Jesús y sus apóstoles no tenían tiempo ni para comer".

—MARCOS 6:30–31, NTV

Ellos habían descubierto su propósito a través de caminar con Jesús y empezaron a realizarlo; ni siquiera tenían tiempo para comer. Si usted es de aquellos que está programando su retiro, yo creo que no ha descubierto el propósito. Las personas con propósito tienen tanta pasión por dentro que dicen: "Las horas del día son cortas para hacer todo lo que tengo para hacer".

2. Satisfacción

Conocer el propósito le permitirá vivir con sentido de satisfacción, de felicidad y de plenitud. Lo vemos en la vida de Jesús. En un momento excelente a nivel ministerial, los discípulos le dieron reportes de lo que estaba sucediendo, a lo cual respondió Jesús:

> "En aquel momento Jesús, lleno de alegría por el Espíritu Santo, dijo: Te alabo, Padre, Señor del cielo y de la tierra, porque habiendo escondido estas cosas de los sabios e instruidos, se las has revelado a los que son como niños. Sí, Padre, porque esa fue tu voluntad".
>
> —LUCAS 10:21

Estamos supuestos a vivir esa vida abundante que el Padre diseñó para nosotros. Estamos supuestos a encontrar poder, satisfacción, plenitud y gozo en lo que hacemos.

3. Provisión

Operar en el propósito de Dios para su vida garantiza la provisión constante del Padre para aquello que le mandó hacer.

> "Cuando llegaron a la casa, vieron al niño con María, su madre; y postrándose lo adoraron. Abrieron sus cofres y le presentaron como regalos oro, incienso y mirra".
>
> —MATEO 2:11

Jesús mismo experimentó la provisión de Dios para el sustento; hubo un financiamiento del cielo para la misión que debía llevarse a cabo.

> "Te llenarás con caravanas de camellos, con dromedarios de Madián y de Efa. Vendrán todos los de Sabá, cargando oro e incienso y proclamando las alabanzas del SEÑOR".
>
> —ISAÍAS 60:6

Si camina en el propósito para el cual Dios le diseñó, va a tener un cheque en blanco del cielo. No para sus locuras, ni caprichos ni para lo que se le ocurra, sino para ejecutar su misión. El Padre nunca dejó de proveer para el ministerio de Jesús:

"Después de esto, Jesús estuvo recorriendo los pueblos y las aldeas, proclamando las buenas nuevas del Reino de Dios. Lo acompañaban los doce, y también algunas mujeres que habían sido sanadas de espíritus malignos y de enfermedades: María, a la que llamaban Magdalena, y de la que habían salido siete demonios; Juana, esposa de Cuza, el administrador de Herodes; Susana y muchas más que los ayudaban con sus propios recursos".

—Lucas 8:1–3

Adicionalmente, ¿qué fue lo que sucedió en el momento en que Pedro necesitaba pagar los impuestos? ¿Acaso Jesús no le dijo: "Ve saca un pescado y ahí encontrarás una moneda de oro para pagar tu impuesto y el mío" (ver Mateo 17:27)?

Incluso, el entierro de Jesús fue el de un rey. La cantidad de especias usadas para ungirlo eran dignas de la realeza solamente; sus vestidos eran de un tejido fino, costoso. Jesús no pensaba en si era rico o pobre, el tema es que Él sabía para qué eran los recursos. Él era un centro de distribución y no una bodega de almacenamiento.

4. El equipo de trabajo

Caminar en el propósito garantiza que encuentre la gente que Dios ha asignado a su vida, y la gente a la cual usted ha sido asignado; son dos cosas diferentes. Hay personas que se unirán a su grupo pero también usted se unirá a otros para causas mayores. Si usted no camina en su propósito, será invisible. ¿Invisible a qué? A la gente que está supuesto a encontrar. Cuando una persona no conoce quién le ha sido asignado, puede levantar paredes en vez de construir puentes. Dios no le puso en la posición donde está porque sí. Usted es una respuesta para ese ámbito de la sociedad y Él le va a dar la gente para que pueda cumplir con el propósito para el cual Él le creó.

5. Conversaciones constantes

Caminar en su propósito garantiza tener una conversación constante con el Padre celestial. No estoy hablando del tipo de conversación de Padre a hijo que todos estamos supuestos a tener en nuestro diario vivir, estoy hablando de una conversación en la cual el Padre celestial, Jesús y el Espíritu Santo, le revelan cosas específicas para su asignación.

Dios nos dice: "Yo voy a garantizar una conversación de tal manera que tengas un descubrimiento constante en el ámbito y aspecto para el cual yo te asigné". Lo vemos en la vida de Jesús:

> "Yo no puedo hacer nada por mi propia cuenta, juzgo sólo según lo que oigo, y mi juicio es justo, pues no busco hacer mi propia voluntad sino cumplir la voluntad del que me envió".
>
> —JUAN 5:30

Jesús tenía una conversación constante con el Padre celestial, no tan solo en el ámbito de la vida de devoción, sino también en el del ministerio o propósito. Iba donde Él le indicaba, sanaba a los que el Padre les decía, cambiaba de planes según el Espíritu le guiaba.

Usted está supuesto a vivir exactamente lo mismo. ¡Qué espectacular que pueda vivir escuchando qué es lo siguiente que viene en su vida, porque tiene un susurro permanente de parte del Padre celestial!

6. Oportunidades

> ## "Cuando llega la oportunidad, es demasiado tarde para prepararse". —John Wooden

¿Cuáles son sus sueños? ¿En dónde espera estar en los próximos cinco o diez años? Si usted no conoce su propósito no es que no se le presenten oportunidades, el tema es que usted no las ve cuando le pasan por el frente. Cuando no camina en el propósito, las oportunidades que lleguen serán invisibles.

> **"Las oportunidades se multiplican porque son aprovechadas". —John Maxwell**

7. Respaldo de Dios

La mejor manera de resumir estos beneficios es dejándole saber que Dios estará acompañando con su respaldo a los hijos que caminan en su propósito. Puede tener la certeza de que no es su agenda personal la que está representando, sino que usted entra a esos lugares siendo un representante del cielo.

Piense por un momento en lo siguiente; ¿Cómo se sentiría haciendo una labor en la que...?

+ ¿Está vitalizado y con energía todo el tiempo?

+ ¿Se siente feliz, pleno y satisfecho?

+ ¿Le pagan o financian por hacerlo?

+ ¿Trabaja con gente como usted, con sus mismas pasiones y anhelos?

+ ¿Dios le habla constantemente al respecto?

+ ¿Se presentan oportunidades de influenciar constantemente?

+ ¿Comprueba el respaldo de Dios?

> **"Descubrir y cumplir mi propósito me ha permitido vivir mi vida sin remordimientos". —John Maxwell**

NOTAS

Capítulo 1: El tercer día más importante de su vida

1. Munroe, Myles. *De la idea a la acción*. Buenos Aires, Argentina: Editorial Peniel, 2011, pág. 13.

Capítulo 2: Desde antes de nacer

1. Búsqueda en la página de internet www.usdebtclock.org, consultado el 25 de octubre de 2017.
2. Estudio realizado por Abel Rohard Dietz del Banco de la Reserva Federal de NY en el 2010 y del Censo Nacional del 2000.

Capítulo 4: El propósito determina el diseño

1. Chand, Sam. *¿Quién sostiene tu escalera?* New Kensington, PA: Whitaker House, 2015, pág. 96.

Capítulo 5: No es lo mismo

1. Según diccionario online consultado el 25 de octubre de 2017: https://www.google.com/search?q=significado+de+don&oq=significado +de+don&aqs=chrome.69i57.12025j0j7&sourceid=chrome&ie=UTF-8.
2. Concordancia Strong, "carisma", palabra del griego, referencia #G5486, programa para iPad desarrollado por Orion Systems.

Capítulo 8: Manos a la obra

1. Búsqueda en el internet: https://www.notasaprendiz.com/blog/15 -inspiradoras-frases-del-gran-john-wooden, consultado el 25 de octubre de 2017.
2. Maxwell, John C. *Vivir intencionalmente*. Lake Mary, Florida: Casa Creación, 2015, p. 245.

Palabras finales

1. Maxwell, John C. *Vivir intencionalmente*. Lake Mary, Florida: Casa Creación, 2015, p. 225.

SOBRE EL AUTOR

EDWIN CASTRO nació en Bogotá, Colombia, y es pastor y entrenador de vida. Además, es el director de Nexos Global y de Presencia Viva, una congregación hispana ubicada en la ciudad de Doral, Florida. A través de estos ministerios cumple con el propósito de su vida, que es equipar a esta generación para que encuentren su identidad, obtengan libertad financiera y descubran su propósito. Por medio de una palabra relevante para la sociedad actual, busca presentar principios eternos aplicados a individuos, familias y naciones. Sus conferencias y enseñanzas han sido aplicadas por diversas empresas y miles de personas en Norte, Centro y Suramérica, y España.

Gracias a su formación en administración de empresas y a su vasta experiencia en el mundo empresarial, se desempeña como consultor financiero y escritor. Su primer libro, *Libertad financiera*, ha sido muy exitoso. También es el autor de *El secreto de Salomón*. Además, en noviembre de 2015 el Congreso de la República de Colombia le confirió el grado de Caballero, por su valioso aporte a la comunidad y su trabajo de excelencia y altruismo. Reside en Miami, Florida, junto con su esposa, Maribel, y su hija, Marianna.

Para más información sobre el autor y cómo contactarlo, puede visitar sus páginas de internet, o escribir a info@edwincastro.com.

www.edwincastro.com
www.nexosglobal.com
Tel. (305) 592-9966